HÉLÈNE GRIMAUD
Lektionen des Lebens

Ein Reisetagebuch

Buch

Der französischen Starpianistin Hélène Grimaud sind die großen Konzertsäle der Welt ebenso vertraut wie die Wölfe, für die sie sich in ihrem »Wolf Conservation Center« einsetzt. Doch sie ist sich selbst fremd geworden. Erschöpft von Tourneen und zahllosen Interviewterminen über Jahre hinweg, nimmt sie sich eine Auszeit. Und während ihr Körper wieder zu Kräften kommt, spürt sie den brennenden Wunsch, statt den Klängen eines Orchesters wieder einmal der Symphonie des wahren Lebens nachzuspüren. Sie beschließt kurzerhand, allein und planlos durch Europa zu reisen, um aufzutanken und ihre vernachlässigte Seele zu pflegen. Am Ende ihrer Reise hat sie faszinierende Begegnungen erlebt und wertvolle Einsichten gewonnen, die ihr neue Schaffenskraft geben und auch den Leser zum Nachdenken anregen.

»Lektionen des Lebens« ist der sensible und poetische Bericht einer bewegenden Reise, das Selbstporträt einer der faszinierendsten Frauen und Künstlerinnen unserer Zeit.

»Sie ist eine strahlende Person. Ein Wesen des Lichts!« *Gala*

Autorin

Hélène Grimaud wurde 1970 in Aix-en-Provence geboren. Ihre musikalische Ausbildung erhielt sie in ihrer Heimatstadt, dann in Marseille und am Konservatorium in Paris bei Jacques Rouvier, Gyorgy Sandor und Leon Fleisher. Mit 15 Jahren spielte sie ihre erste CD ein. 1987 gelang ihr der Durchbruch beim MIDEM in Cannes und beim La Roque d'Anthéron Piano Festival, und seither nahm eine einzigartige Karriere ihren Lauf. Inzwischen tritt sie mit den renommiertesten Orchestern der Welt auf und arbeitet dabei mit Dirigenten wie Daniel Barenboim, Kurt Masur, Christoph Eschenbach, Christoph von Dohnanyi, Myung-Whun Chung und Esa-Pekka Salonen zusammen.
1997 gründete sie das »Wolf Conservation Center« in South Salem / New York, ein Wolfsgehege mit Dokumentationszentrum. Sie lebt mit ihren Wölfen im Staat New York und in Berlin.

*Als Blanvalet Taschenbuch ist
von Hélène Grimaud außerdem lieferbar*

Wolfssonate (36460)

Hélène Grimaud

Lektionen des Lebens

Ein Reisetagebuch

Aus dem Französischen
von Michael von Kilisch-Horn

blanvalet

Die französische Originalausgabe erschien 2005 unter dem Titel
»Leçons particulières« bei Editions Robert Laffont S.A., Paris.

FSC
Mix
Produktgruppe aus vorbildlich
bewirtschafteten Wäldern und
anderen kontrollierten Herkünften
Zert.-Nr. SGS-COC-1940
www.fsc.org
© 1996 Forest Stewardship Council

Verlagsgruppe Random House FSC-DEU-0100
Das für dieses Buch verwendete FSC-zertifizierte Papier
Holmen BookCream liefert Holmen Paper, Hallstavik, Schweden

1. Auflage
Taschenbuchausgabe August 2009 bei Blanvalet,
einem Unternehmen der Verlagsgruppe
Random House GmbH, München.
Copyright © der Originalausgabe 2005 by
Editions Robert Laffont S.A., Paris
Copyright © der deutschsprachigen Ausgabe 2007 by
Blanvalet Verlag, München, in der Verlagsgruppe
Random House GmbH
Umschlaggestaltung: HildenDesign, München,
unter Verwendung eines Motivs von © Matt Hennek
Redaktion: textinform
NB · Herstellung: RF
Satz: Uhl + Massopust, Aalen
Druck und Einband: GGP Media GmbH, Pößneck
Printed in Germany
ISBN: 978-3-442-37300-0

www.blanvalet.de

Für Stéphane

Wenn man die Liebe nicht teilen kann,
Möchte ich derjenige sein, der am stärksten liebt.

Wystan Hugh Auden

1

Ich wachte hungrig auf.
Da ich seit einer Ewigkeit nicht mehr gegessen hatte, hatte ich Hunger auf Erde, auf Kontinente, auf Gewitter, auf lautes Treiben. In meinem Bauch wütete ein alles verschlingender Appetit auf Düfte – Salz auf der Haut, Harz der hohen schwarzen Tannen, Gras, liebevoll gemäht im Frühling. Ich hatte Lust, in das rohe Fleisch eines Fisches zu beißen, mit meinen Ohren in die Symphonie der Welt einzutauchen, zu schauen, um wirklich zu sehen, mich von Licht blenden zu lassen, meine Hände in die warme Erde zu tauchen und die feuchte Schnauze der Wölfe zu berühren.

In die Welt zurückzukehren, die sich dreht und die dröhnt.

Der Hunger hatte mich in der Nacht überfallen. Er hatte mich aus meinem Bett getrieben. Im Rahmen meines Fensters blühte der Himmel und funkelte vor Sternen. Kein Mond, aber ein bleicher Schimmer schien von den Felsen, den Bäumen auszugehen, mit dem Sommer vom Boden aufzusteigen und aus den Bächen zu quellen. Er erinnerte mich daran, dass ich als Kind den Stamm einer Eiche eingeritzt hatte, um das Blut meines Handgelenks mit seinem Lebenssaft zu vermischen – ich hatte mir damals meine Blutsbrüderschaft erfunden.

An welchem Tag, in welchem Monat, in welchem Jahr hatte ich diesen Schwur gebrochen. Ja, in welcher Stunde? Die Zeit entzog sich mir, ging durch mich hindurch. Ich hatte nicht mehr genug davon, weder für die Wölfe – obwohl das Zentrum die Zustimmung für ein Auswilderungsprogramm für bedrohte Tierarten erhalten hatte – noch für die Liebe. Und auch nicht für die Einsamkeit. Und die Musik? Die Frage ging mir flüchtig durch den Kopf, als ich wieder einschlief. Die Musik? – Mein ganzes Leben, da sie bei allem Übrigen den Ton angab.

Am Morgen fühlte ich noch immer diese Leere in mir. Draußen war die Luft mild. Die grüne Dünung des Windes in den Bäumen erinnerte mich an das Meer und weckte mit seinem Rauschen den Wunsch in mir zu reisen. Die Frage, die der Schlaf verjagt hatte, tauchte wieder auf. Ich verscheuchte sie, indem ich mich schüttelte; ich war doch glücklich in der Musik, wie man es in der Ehe ist, nicht wahr? Und hatte ich nicht bereits geantwortet, als ich entschieden hatte, dass jede die Musik betreffende Frage eine Antwort bereithielt: nicht darin, dass man der Vergangenheit nachtrauert, sondern dass man die Zukunft gestaltet. Diese Bewegung hin zum Universellen, zu einer Versöhnung der Gegensätze.

»Nicht darin, dass man der Vergangenheit nachtrauert, sondern dass man die Zukunft gestaltet.« Ich wiederholte mir diesen Satz während meiner Yogastunde. Aschtanga-Yoga, ein fließendes Yoga, man wechselt ganz sanft von einer Position in die nächste, allein dem Rhythmus des Atems folgend. Anstatt eine Position zu erreichen und darin zu erstarren, bewegt man sich in einem ununterbrochenen Legato. Es gibt Bewegungen, die man respektieren muss, eine Bewegungschoreographie, Bewegungen, die sich miteinander verbinden. Vergessen, Sanftheit, tiefer Rhythmus. Seit vier Jahren schon machte ich Yoga; das vollkommen ungesunde Leben, das meinen Alltag bestimmte, hatte ich schließlich auf grausame Weise zu spüren bekommen: Während einer Tournee konnte ich mich in Paris trotz Spritzen und Massagen vor Rückenschmerzen nicht mehr bewegen. Ich hatte das Konzert absagen müssen, mit Krankengymnastik begonnen; dann Yoga und schließlich Aschtanga-Yoga.

Eigentlich hatte ich diese Form von Yoga im letzten Juni entdeckt, ich war damals in Washington, in einem Hotel, unmittelbar nach dem Scheitern der Aufnahme der jeweils zweiten Klaviersonate von Chopin und Rachmaninow. Ich war müde – schon? Seit wie vielen Wochen war ich es in Wirklichkeit schon? Ich schaltete das Fernsehgerät an, um abzuschalten vor meinem Konzert. Eine Reportage erklärte die Kunst des Aschtanga-Yoga und weckte in mir den Wunsch, es zu erlernen. Über das Internet bestellte ich Bücher; der Vorteil einer Methode ist, dass man allein lernen kann, man ist sein eigener Lehrer, was zwar nicht ideal ist, aber immerhin besser als nichts, da ich nicht die Zeit habe, Unterricht zu nehmen.

Keine Zeit mehr für Unterricht, keine Zeit mehr für die Wölfe – selbst das Saubermachen der Gehege des Zentrums fehlte mir, der raue Kontakt mit dem Holz der Schaufeln und Rechen. Und die Musik? Die Lust auf Musik war so stark wie immer; dessen war ich mir sicher. Ich verspürte den gleichen unwiderstehlichen Drang, ein Stück zu spielen, es immer wieder zu üben, den Klang eines hohen Tons abzumildern, jeden Ton ganz rein leuchten zu lassen, alles hörbar zu machen; in den Schmelztiegel des Stücks das Gold seines Lebens zu gießen. Mit dieser Absicht wollte ich eine neue Version der Sonate von Rachmaninow einspielen, die ich zum ersten Mal mit fünfzehn aufgenommen hatte. Seitdem hatte ich Jahr für Jahr jene große Wahrheit besser begriffen, die ich aus dem Unterricht meines Lehrers Pierre Barbizet mitgenommen hatte: Die Musik beginnt in Wirklichkeit erst mit dem Hörer, ab dem Augenblick, in dem sie in die Wärme eines Herzens dringt und im Verborgenen seine Stille bewohnt. »Vergiss nicht«, hatte er zu mir gesagt, »ein Musiker ist groß nur durch die Größe, die er bei seinen Mitmenschen ans Licht bringt.«

Das also war der Grund für dieses Gefühl der Frustration, diesen Drang, den ich spürte, unbedingt einen zusätzlichen Schritt machen zu müssen – aber ich wusste nicht, in welche Richtung. Vermutlich trübte die – atemlose – Abfolge der Konzerte diese Ahnung. Ich beschwere mich nicht über meinen Terminkalender, die Bühne und der Kontakt mit dem Publikum erfüllten mich stets mit der gleichen Freude – wer könnte jemals auch nur annähernd das Glück beschreiben, der Botschafter der Musik, der Orpheus von Chopin oder von Brahms zu sein?

Um dieses Glück zu verlängern, hatte ich mir gewünscht, dass die Aufnahme meiner neuen Platte vor Publikum stattfände. Meine Vorstellung war, die Wiederholungen im Beisein der Zuhörer zu machen, um ihnen zu zeigen, wie Musiker und Produzenten zusammenarbeiten, welche Aufgaben der Toningenieur, der Produzent oder der künstlerische Aufnahmeleiter haben – diese Männer im Hintergrund –, Zauberer, Alchimisten der Technik. Die Aufnahme hätte in Amsterdam, im Saal des Concertgebouw, stattfinden sollen, aus verwaltungstechnischen Gründen war das Projekt jedoch abgesagt worden.

Das bedeutete eine neuerliche Verzögerung. Solche Zwischenfälle gehören zum Alltag der Künstler, aber eigenartigerweise machte diese mich sehr traurig, und ich hasse Traurigkeit, diesen Schleier, der sich zwischen dich und die Dinge legt, die Farben abstumpft, die Klänge dämpft und den Wein sauer macht. Ich war selbst in meinem Schwung abgebremst. Ich fühlte mich am Fuß einer Felswand, die unablässig in die Höhe wuchs. Diese neue Plattenaufnahme natürlich, und sofort danach würde Bartók dran sein, unter Leitung von Pierre Boulez. Eine große Ehre: Der Maestro feierte seinen achtzigsten Geburtstag. Aber da war auch dieses Schutzprogramm für den roten Wolf und den mexikanischen Wolf, dem das Zentrum sich angeschlossen hatte; der Fang eines Tiers in Kanada war bereits geplant. Zäune mussten verstärkt werden, um einen Nachbarn zu beruhigen, der panische Angst vor den Wölfen hatte; und ich musste mich endlich ernsthaft mit dieser zweiten Sonate von Chopin beschäftigen; damit, welchen Flügel ich wählen sollte, um den Klang zu erzielen, der mir vorschwebte, einen direkten Klang, einen Klang der Dringlichkeit auf der Ebene des Spiels, der aber zugleich hell und dunkel bleiben sollte. Und der ganze Papierkram im Zusammenhang mit dem Einfangen des Wolfs. Der Klang? Hell, ja, aber nicht zu einschmeichelnd, damit man den körperlichen Einsatz noch spürt.

Erschöpfung. Man sollte sein Wörterbuch zu Rate ziehen, wie man seinen Arzt konsultiert. Im Eintrag des Petit Robert erkannte ich alle Symptome wieder, die mir seit Wochen zu schaffen machten: Mattigkeit, Abgespanntheit, Schlappheit, Erschlaffung, Schwäche, Müdigkeit, Verminderung, Abbau. Ich hatte zugelassen, dass die Routine mich auslaugte. Und zugleich entdeckte ich unter den Antonymen das Heilmittel. Ich war erschöpft? Ich musste auftanken, mich bereichern. Die Anweisung war sehr präzise: Fülle, Reichtum; Wohlergehen, Entfaltung, Selbstverwirklichung. Und eben dieser Hunger, der mich geweckt hatte, dieser Hunger, der aus meinem innersten Wesen hervorgebrochen war.

Zwei Minuten des Nachdenkens, und meine Entscheidung war getroffen. Ich hatte drei Wochen Ferien vor mir. Ich würde auf Reisen gehen. Ich würde wandern. Ich würde atmen.

Wo? Im ersten Augenblick schien mir das Ziel nicht wichtig. Nur das Reisen zählte, und endlich einmal würde der Aufbruch nicht dem Ritual meiner Tourneen gehorchen: Schnell das Bühnenkostüm in die Reisetasche geworfen, aufmerksames Studium des Terminkalenders, Anrufe bei den Agenten, offizielle Abendessen, Taxi-Flugzeug-Taxi-Hotel, ständig von Stadt zu Stadt und nachts in unbekannten Hotelzimmern die Augen verzweifelt offen, weit aufgerissen, weil die Anspannung des Konzerts nicht von einem abfällt und der Zeitunterschied sich bemerkbar macht.

Ich würde endlich ungehindert laufen, wie eine Laufmasche, mir einen Weg bahnen im Netz der Zeit. Diese Vorstellung entzückte mich geradezu – es war diese Freude, die man verspürt, wenn man die Schule schwänzt, wenn man plötzlich ausreißt, und ich hatte mir schon so lange kein richtiges Ausbrechen mehr gegönnt. Ich würde die Zeit verlangsamen, aus der Routine ausbrechen.

Vor allem würde ich mich sammeln, mich auf mich selbst besinnen. Ich brauchte Raum, Liebe und Einsamkeit. Vielleicht würde ich dann die Ursache der Unruhe finden, die mich quälte, die Frage, die mir keine Ruhe ließ und mich verwirrte, und die Antwort darauf.

In »Der wahre Klassiker der vollkommenen Lehre«, in dem Li Tseu das grundlegende Vorhaben jeder Kunst beschreibt, heißt es: »Wonach ich strebe, sagte Meister Zhiang, ist nicht, die Saiten gut zu zupfen, und auch nicht, schöne Klänge zu erzeugen. Was ich suche, habe ich noch nicht in meinem Herzen gefunden. Wie könnte mir also draußen das Instrument antworten?« Eben in diesem Draußen wollte ich die Antwort suchen, im Brausen der weiten Welt. Ich erinnerte mich nur allzu gut an den

Schluss von Li Tseus Erzählung, um an dem Heilmittel zu zweifeln: »Dann, nach einigen weiteren Jahren, spielte er eines Tages im Frühling im Chang-Modus den zweiten der fünf Töne, der dem Herbst entspricht: Ein frischer Wind erhob sich plötzlich. Die Pflanzen und die Früchte an den Bäumen wurden reif: Es war Herbst geworden. Daraufhin zupfte er seine Gitarre im Kiao-Modus. Ein heißer Wind blies, und alles blühte: Es war Sommer geworden. Er zupfte die Yu-Saite, und Frost und Schnee erschienen, und die Wasserläufe gefroren: Es war Winter geworden. Daraufhin zupfte er die Che-Saite: Die heiße Sonne erschien, und das Eis schmolz.«

Mein der frische Wind, die Pflanzen und die Früchte, die Sommerblumen und die Schneeflocken.

Mein der Zauber.

Ich delegierte die laufenden Geschäfte des Zentrums, rief Sid McLauchlan, den Plattenproduzenten, an, um ihm die Suche nach einem neuen Aufnahmesaal zu übertragen, und schaltete meinen Anrufbeantworter aus. Dann verließ ich South Salem leichten Herzens und ruhigen Gewissens. Eine Stunde später war ich in New York.

Kurz vor Manhattan hatte meine Aufregung sich ein wenig gelegt. Schön, ich hatte beschlossen, auf Reisen zu gehen. Aber wohin? Mein Herz schwankte zwischen drei Möglichkeiten: Eine Fahrt quer durch die Vereinigten Staaten, nach Westen, um den Apache National Forest und das Gila Wildness Area kreuz und quer zu durchstreifen; das alte Europa, weil ich das unbestimmte Gefühl hatte, dass ich dort, auf dem Boden von Liszt und Brahms, von Vivaldi und Wagner, von Granados und Chopin, diesen tiefen Sinn wiederfinden würde, den ich verloren hatte und der stets so lebenswichtig für mich, so wesentlich für mein Gleichgewicht gewesen war. Und zugleich lockte mich Afrika.

Ich hatte die physische Existenz dieses Kontinents auf einer Reise zu den Galapagos-Inseln gespürt, im Blinzeln eines Leguans, der aus einer uralten Zeit zu kommen schien. Afrika, das hatte etwas Endgültiges. Schon in der Musik des Wortes Afrika hörte man das Trompeten des Elefanten, das Fauchen des Geparden und das Brüllen des Löwen, und auch das gewaltige Knacken des Bodens unter der Gluthitze der Sonne; selbst die Leere war dort vermutlich voller Leben. Afrika, das war der Urgesang des Planeten Erde. Ich ahnte eine tiefe, eine existenzielle Fröhlichkeit – fröhlich, aber nicht zwangsläufig glücklich – im Wesen dieses Kontinents, der ebenso aus tiefster Seele fröhlich sein kann, wie die Indianer von Altiplano traurig und verdüstert sein können. Man muss der Welt sein Ohr leihen, und mir hat das asthmatische Atmen dieses Andenvolks in der Panflöte immer einen Stich ins Herz gegeben – diese stille Klage, die sie an einen tauben Himmel richten, seit ihre Götter getötet wurden, dieser seither unmögliche Dialog, und dann all das Blut, das sinnlos über die großen Stufen ihrer Pyramiden geflossen ist, dieses Blut, dessen Blutkörperchen ihre Rasse nicht mehr hatte regenerieren können, und ihre Anämie in dieser Musik; diese Rasse, die unter dem Sauerstoffmangel und der Blindheit der Götter leidet; diese Männer und Frauen, betäubt vom verhängnisvollen Kauen der Kokablätter, und ihr Wunsch, zu entsagen und in den erloschenen Sternen eines Himmels zu sterben, den ihre Vorfahren gezeichnet hatten.

In Afrika dagegen spürte man deutlich, dass der Schöpfer seiner Phantasie freien Lauf gelassen hat; man vergegenwärtige sich nur einmal gleichzeitig den Hals der Giraffe, die großen Ohren und den Rüssel des Elefanten, das Ying des Rhinozeroshorns und das Yang seines Schwanzes, ja sogar das scheckige Lachen der Hyäne. Afrika, das war der ungezügelte Humor des Lieben Gottes. Und der Affenbrotbaum? Nur ein unschuldiger Geist hatte den Affenbrotbaum erfinden, aus dem Chaos das Ungefähr einer geometrischen Form gewinnen können, dieses große vertikale, leicht dickbäuchige Rechteck, gespickt mit gekräuselten Zweigen, pflanzlichen *dreadlocks*. Wenn ich den karibischen Musikern zusah, wie sie ihre *steel-drums* schlugen, um ihnen diesen kristallklaren, wasserhellen Klang zu entlocken, ging mir immer durch den Kopf, dass die uralte Erinnerung an den Affenbrotbaum, den Königsbaum ihrer Heimat, ihnen die Idee für diese Frisur eingegeben hatte. Noch heute werfe ich, wenn ich mir das Paradies vorstellen will, hinter meinen Lidern Affenbrotbäume und Gnus, rotbraune Giraffen und gewaltige Elefanten auf einen Haufen. Afrika musste von einem Seraphen mit Beamtenseele entworfen worden sein, darauf bedacht, das *Story Board* der Schöpfung zu entwerfen.

Ganz klar Afrika.

Ja, aber der Apache Forest.

Oder Europa mit seinen geistigen Ablagerungen.

Die Zeit verging, und ich konnte mich nicht entschließen, durch die Tür dieses Reisebüros auf dem Broadway zur 11. Straße hin zu gehen. Es war Mittag. Ich machte ein paar Schritte auf dem Gehsteig. Am Fuß eines Wolkenkratzers, der gerade renoviert wurde, war eines dieser Restaurants, die man überall in den USA findet und die etwas von einem Eisenbahnwagen haben: eine lange Schaufensterscheibe, ein langer Bartresen und, Abteilen ähnlich, zwischen Sitzbänke für zwei Personen geschobene Tische. Die Barhocker aus Weißmetall waren am Boden festgeschraubt. Ich warf meine Tasche auf den Boden und setzte mich auf einen der Stühle, wobei ich das Gefühl hatte, in eine andere Geschichte, ein anderes Leben zu treten. Und zugleich schien es mir, als würde ich endgültig diese hermetisch abgeschlossene fenster- und lukenlose Zeitblase verlassen, in welche die letzten Monate mich eingeschlossen hatten – ich hatte mir Ferien genommen oder, besser, ich träumte ins Blaue hinein.

Eine dicke schwarze Mama polierte den Tresen. »Audrey«. Ein mit zwei kleinen Rosen geschmückter Button verriet ihren Vornamen auf der weißen Nylonbluse, und wie ein kleines Boot bei starkem Seegang hob und senkte sich das Namensschild auf ihrer linken Brust im Rhythmus des Atems seiner Besitzerin.

Es gab Hot Dogs, die unvermeidlichen Bagels, die Kaffeemaschine und eine sechsseitige Speisekarte. Ich fragte mich, ob ich Hunger hatte, ob man überhaupt Lust auf Essen haben konnte in diesem Land, wo man zu jeder Tages- und Nachtzeit isst, aber da lockten auch in Frischhaltefolie verpackte Salate und, vielleicht das Sicherste, Spiegeleier mit Speck, das Stammgericht hier, zu dem man aus großen Bechern dünnen, lauwarmen Kaffee trank. Ich bestellte beides und behielt mir vor, nach dem Aussehen zu entscheiden, der Frische des Salatblatts oder der Wölbung des Eigelbs.

»Ist das alles, was du nimmst, Schätzchen?«, fragte Audrey, während der Kellner, ein großer blasser und gebeugter junger Mann, zwei Käsekuchen zu einem Tisch mit Arbeitern brachte, die ihre Bauarbeiterhelme auf den Boden gelegt hatten.

Ich liebe es, in den USA mit Kellnern und Taxifahrern zu reden. Sie erzählen mir ihr Leben, von ihren Kindern, ihren anderen Jobs, ihren Nöten und ihrem häufig komplizierten Liebesleben. »Ich habe eine Frau, die eine richtige Nervensäge ist«, hatte mir einer fröhlich erzählt, »und ich musste mir einfach eine Geliebte nehmen! Sie ist schlimmer als meine Frau.« Ich erinnere mich noch, auf welch kindliche und lüsterne Weise er von den Frauen sprach, die für ihn so etwas wie das letzte unbekannte Territorium waren, das es zu erobern galt, eine Art Säugetier, für das er, wie viele Männer, eine Mischung aus Begierde und Überlegenheit, Angst und Schrecken empfand.

Audrey wollte wissen, wo ich mit meiner Reisetasche hinwollte. Ich erzählte ihr von meinem Dilemma, und während ich so redete, stellte sich plötzlich eine phantastische Analogie zwischen den afrikanischen Bildern, die mir noch immer im Kopf herumgingen, und der Musik von Bartók her, die ich unter der Leitung von Pierre Boulez aufnehmen sollte. Bartók hat eine regionale Musik komponiert, eine ethnische Musik, ebenso wie Mahler das Lied von der Erde zu komponieren gewusst hat: In seinen Symphonien hört man die Kuhglocken auf den Almen, aus seinen Klängen quillt der Saft des Frühlings.

Nein, Pech für Afrika. Ich verabschiedete mich endgültig von diesem verlockenden Reiseziel.

Blieben der Westen Amerikas und Europa.

Arizona und Neu-Mexiko reizten mich vor allem deswegen, weil in diesen beiden Staaten die Wälder lagen, in denen die Wölfe des Zentrums nach ihrer Auswilderung ihr neues und freies Leben führen würden, in Räumen, in denen sie ihre Instinkte ausleben konnten. Vor zwei Jahren hatte ich ein Dossier eingereicht, um das Zentrum in das Programm des *Species Survival Plan* aufnehmen zu lassen, das der Internationalen Union für Naturschutz untersteht. Gab es da eine Analogie zu meinem eigenen Leben? Die unvermeidlichen schützenden Drahtzäune um das Gebiet des Zentrums störten mich immer mehr. Ich hatte die Wölfe lieben gelernt durch Alawa, meine Alawa, den Inbegriff einer Wölfin; sie war damals frei, und jedes häusliche Leben, jeder Vogelgesang verstummte, wenn sie sich nachts näherte. Die wichtigste Aufgabe des Zentrums, die Erziehung, genügte mir nicht mehr; ich wollte die Wölfe ihrem innersten Wesen, ihrem natürlichen

Raum zurückgeben – der Freiheit. Die Lebenskraft, die ich mir für mich selbst wünschte, sollten auch sie wiederfinden. Und eben diese Rückführung in das freie Leben war das Ziel des *Species Survival Plan*.

»Soll ich Ihnen dessen Aufgaben erläutern?«, fragte ich die Kellnerin, die, ganz Ohr jetzt und voller Respekt, zwei in Fett schwimmende Spiegeleier, ein verkohltes Würstchen und Speck vor mich hinstellte, so dass ich beschloss, doch lieber den Salat zu nehmen, der frisch aussah, obwohl er sicher wie Gummi schmeckte.

Sie nickte.

»Nun, es geht zum Beispiel um den Schutz des sibirischen Tigers oder des Schneeleoparden in Skandinavien.«

Sie schien jetzt noch verblüffter. Ich fuhr fort und erklärte ihr, dass die Vertretungen in den USA sich den Schutz des mexikanischen und des roten Wolfs auf die Fahnen geschrieben hatten.

»Der rote Wolf?!« Der Ton meiner Gesprächspartnerin schwankte zwischen Frage und Ausruf.

Ehrlich fasziniert, legte sie ihren Lappen weg. Ich hatte dieses Leuchten bereits in den Pupillen der Kinder und der Erwachsenen, die ins Zentrum kamen, bemerkt, wenn sie ihren ersten Wolf erblickten. Und diesen freudigen Schauder, wenn sie mit dem wilden Leben in Berührung kamen. Und jetzt hatte ich einem Wirbelwind gleich die animalische und mythische Welt des Wolfs in dieses Restaurant im Herzen Manhattans gebracht – das Leben, phantastisch und blutig. Audrey zog in einer sanften und kindlichen Bewegung den Kopf ein wenig ein; sie wirkte wie Rotkäppchen, das die lange Schnauze und die spitzen Zähne ihrer zum Wolf gewordenen Großmutter entdeckt. Oh, diese Bewegung, dieser Blick! Die Spannung des Austauschs, ich liebe diesen Augenblick, all diese Augenblicke, in denen man etwas miteinander teilt, und führe sie gern herbei. *»Für einen Blick entstehen alle Dinge der Welt gleichzeitig. Für den Zweig ist das Gewicht des Augenblicks das Gewicht des Vogels.«*

Ich überließ den roten Wolf Audreys Phantasie und erzählte ihr vom mexikanischen Wolf, der äußerst selten und besonders bedroht ist. Ende der siebziger Jahre hatte eine Zählung im Südosten des nordamerikanischen Kontinents ergeben, dass er fast ausgestorben war. Durch systematisches Einfangen und Paaren hatte man versucht, die Art wieder zu vermehren. Heute gibt es über die ganze Welt verteilt dreihundertzwanzig Tiere; nur dreißig von ihnen leben in Freiheit. Aber trotz dieses ersten Erfolgs ist der mexikanische Wolf noch längst nicht gerettet; die genetische Verschiedenheit zwischen den Individuen bleibt eines der größten Probleme. Vor acht Jahren gab man ihnen endlich ein Territorium in Arizona und Neu-Mexiko, zwei Wälder, die den Codenamen Blue Range tragen.

Ein Biologe hatte das New York Wolf Center für die Teilnahme an diesem Programm vorgeschlagen, aber es hatte drei Jahre gedauert, bis es aufgenommen worden war. Wie ich bereits sagte, war mir diese Teilnahme überaus wichtig, weil ich es als künftige Hauptaufgabe des

Zentrums ansehe, ein Programm für die Vermehrung der Art zu begleiten. Aber damit die Art sich vermehren kann, muss man den Wölfen den entsprechenden Lebensraum geben. Die Zoos verfügen nicht darüber. Das Zentrum schon. Nachdem die Wölfe aufgenommen, gepflegt und »resozialisiert« wurden, nachdem sie erwachsen geworden sind, werden sie jetzt ins Leben in freier Natur entlassen. Man kann das Beben all meiner Fasern, wenn dieser Augenblick da ist, und meine Frustration, wenn ich nicht dabei sein kann, mit Worten kaum beschreiben.

Während ich über das Zentrum, die Wölfe und die Schwierigkeiten sprach, die sie manchmal hatten, sich an ihr Leben in Freiheit zu gewöhnen, war ich mir vollkommen bewusst, dass ich im Grunde zu mir selbst sprach, weil unterschwellig, wie ein Maulwurf, das ungelöste Problem meiner Reise und vor allem des Reiseziels noch immer in mir arbeitete. Wenn ich nach Arizona fuhr – und ich hätte vor Freude sterben können, wenn ich an die langen staubigen Straßen und roten Himmel dachte, an Horizonte, die durch die Luftspiegelung großer Hitzeseen gebrochen wurden –, würde ich das Leben fortsetzen, dem ich für die Dauer einer kleinen Auszeit entkommen wollte. Der unerledigt im Zentrum liegen gebliebene Papierkram würde mich verfolgen, und wenn es auch nicht die Sorgen der Pianistin waren, so waren es doch die der Verhaltensforscherin.

Kurz und gut, da stand diese Frage im Raum, auf die ich Antworten finden musste, Antworten, die ausschließlich die Musik betrafen.

Audrey war jetzt Feuer und Flamme. Sie wollte die Adresse des Zentrums und versprach zu kommen, im nächsten Herbst. »Gute Reise, gute Reise!«

Ich bezahlte.

»Warten Sie«, hielt Audrey mich zurück. »Ich habe eine Geschichte für Sie. Bei mir zu Hause erzählt man sie allen, die auf Reisen gehen, und erst recht denen, die noch zögern.«

Sie füllte meinen Becher mit heißem Kaffee und begann, ein Funkeln in den Augen: »In der Stadt Niamey im Niger lebte ein sehr armer Bauer. Sein ganzer Besitz war ein einfaches niedriges Haus in der Farbe sonnendurchglühter Erde. Vor diesem Haus gab es ein steiniges Feld und am Ende dieses Feldes eine Quelle und einen Feigenbaum. Das war sein ganzer Besitz. Eines Tages sah er im Schlaf, wie er durch eine große und wunderschöne Stadt ging. Bald kam er im Licht dieses Traums an das Ufer eines Flusses, über den eine steinerne Brücke führte. Dort stand, am Fuß des ersten Grenzsteins, eine offene Truhe, die bis zum Rand mit Goldstücken und Edelsteinen gefüllt war. Und er hörte eine Stimme, die zu ihm sagte: ›Du bist hier in der großen Stadt Kairo, in Ägypten. Diese Schätze sind dir versprochen.‹ Genau in diesem Augenblick erwachte er am Fuß seines Feigenbaums, wo der Schlaf der Siesta ihn übermannt hatte. Unter dem Eindruck seines Traums schloss unser armer Bauer sofort sein Haus ab, packte seine Tasche und beschloss, nach Ägypten und Kairo zu gehen, die ihm im Traum erschienen waren.

Seine Reise war lang und gefährlich. Tausendmal wäre er beinahe gestorben; er wurde geschlagen, bestohlen, krank, aber er gab niemals auf. Was er im Traum gesehen hatte, musste sein und würde sein. Nach einem langen Monat hatte er endlich Kairo erreicht. Sein Herz schlug wie wild, seine Freude ließ ihn alles vergessen, was er durchgemacht hatte, um hierherzukommen; die Stadt war genauso, wie sie ihm im Traum erschienen war. Und wie im Traum ging er durch die breiten Straßen, bewunderte die Geschäfte und Minarette, atmete die Düfte ein und genoss die Gewürze. Nur am Fuß des ersten Grenzsteins fand er statt der Truhe und des Schatzes einen alten, zahnlosen Bettler.

›Könntest du ein wenig beiseiterücken?‹, bat der Bauer den Bettler, nicht ohne ihm seine letzte Münze zu schenken. Er hatte noch immer die Hoffnung, unter dem zerknitterten Hintern des armen Schluckers die prächtige mit Juwelen und Gold gefüllte Truhe zu finden. Der Bettler nahm die Münze, dankte Allah und rückte zur Seite. An seinem Platz waren nur Steine und Staub.

›Ach! Ich will sterben‹, jammerte der Bauer und raufte sich die Haare. ›Leb wohl, Bettler, ich werde mich von dieser Brücke stürzen. Ich habe alles verloren, ich kann mit dieser Enttäuschung nicht weiterleben.‹

Und er erzählte dem Bettler von seinem Traum, der Truhe, dem Gold und den Juwelen. Und der Bettler brach in schallendes Gelächter aus.

›Wenn einer wirklich verrückt ist, dann du. Du willst sterben und den Träumen glauben! Sieh mich an: Auch ich habe vor drei Monden von einem Schatz geträumt, der am Fuß eines Feigenbaums im Hof eines einfachen niedrigen Hauses in der Farbe sonnendurchglühter Erde am Rande der Stadt Niamey vergraben war. Habe ich alles aufgegeben, um das Haus zu finden?‹

Als der Bauer das hörte, öffnete er verblüfft den Mund; er schlug sich an die Stirn und brach in schallendes Gelächter aus.

›Du bist wirklich verrückt oder einfältig!‹, rief der Bettler, verwirrt von dem lauten Gelächter, und rückte an seinen Platz genau unter dem ersten Grenzstein der steinernen Brücke zurück.

Der Bauer lachte noch immer und machte sich vor Freude hüpfend auf den Rückweg. Wie hätte er dem Bettler gestehen sollen, dass das Haus, das dieser im Traum gesehen hatte, seines gewesen war? Und dass der Schatz folglich bei ihm, am Fuß des Feigenbaums, auf ihn wartete?«

2

New York, Nachtflug – Rom, Schönheit der Morgendämmerung. Oh! Das Glück, sich lebendig und frei zu fühlen, während man am frühen Morgen durch die von klarem Wasser erfrischten Straßen spaziert. Das Glück, mein Maß wiederzufinden im Netz der Straßen, im Spiel der Plätze, Geschenke, die dem Auge ständig neue Überraschungen bereithalten.

Ich war am Abend vom JFK Airport losgeflogen, mit dem letzten Flugzeug, das die Hauptstadt Italiens anflog. Audreys Erzählung hatte mich in meinem Reiseziel bestärkt. Europa verbarg Schätze, die unter seinen Feigenbäumen, seinen Eichen, am Ufer der italienischen Seen und der deutschen Flüsse vergraben waren, im pergamentartigen Schimmer Granadas, auf den Kais des Nordens und der Ostsee, im Hamburger Hafen.

Ein paar Jahre zuvor war ich in die USA geflogen, um mich in diesen horizontalen Weiten wiederzufinden, durch die mein Geist in einer wilden Flucht ritt. Heute kehrte ich nach Hause zurück, inkognito, heimlich, auf Pilgerfahrt. Die Kuppeln der Kirchen, die Glockentürme der Basiliken, die Terrassen, die unter dem Jasmin fast begraben wurden, und der Schrei der Schwalben über dem

Ocker der Fassaden erinnerten mich jeden Augenblick an meine ganz neue Situation als heimlich Reisende, und ich erbebte vor Freude.

Ich hatte beschlossen, einen Wagen zu mieten und mir mein eigenes Italien zu suchen. Ich wollte die Vögel wiederfinden, die in Assisi für Francesco *il Poverello* gesungen hatten und für Franz Liszt, den Wasserspielen der Villa d'Este lauschen und den seidigen Glanz der Fische im Lago Maggiore, die schillernden Lichtreflexe auf den Kanälen Venedigs betrachten. Italien, danach Frankreich, Deutschland und, falls ich noch Zeit hatte, Spanien. Ich wollte große Entfernungen zurücklegen.

Doch bevor ich losfuhr, beschloss ich, einen Tag in Rom zu verbringen, mich unter die Passanten zu mischen, um einfach nur das Glück zu genießen, unter einem Himmel zu laufen, den Poussin so oft gemalt hatte, in diesem Licht Arkadiens, das aus den Wolken auf die großen Schirmpinien strömte, sowie durch die gepflasterten Straßen und im Schatten der Höfe.

Ich durchstreifte die Wege des Palatin, wo man auf Schritt und Tritt Geistern aus der vorchristlichen Zeit, Bruchstücken von Säulen und angeschlagenen Reliefs begegnet. Niemals wird man sich dem eigenartigen Zauber dieser noblen Terrasse über Rom entziehen können, und es fiel mir schwer, sie zu verlassen. Ich ging zur Via Sacra hinunter. Die Mauern der Basilika Santa Francesca Romana erhoben sich am Rand des Forums zwischen den Marmortrümmern und den dunklen Zypressen. Mir fiel ein, dass Liszt hier in einem Kloster sein *Requiem* komponiert hatte, damit der Tod im warmen Licht Roms angenehmer wäre.

Liszt? Warum dachte ich an Liszt, wo ich doch noch immer die zweite Klaviersonate von Chopin aufzunehmen und ein Konzert von Bartók zu üben hatte? Vermutlich, weil ich diese Traurigkeit, die mich in den letzten Monaten betäubt hatte, die Müdigkeit, den Verlust der Lebenskraft abschütteln wollte. Mit dieser Lebenskraft war für mich die Erinnerung an die Sonate *Après une lecture de Dante* verbunden, die ich, als ich noch ganz am Anfang war, Jorge Bolet vorgespielt hatte – ein Stück, das man mit Leib und Seele spielen muss, das größte Virtuosität und zugleich äußerste Zartheit verlangt, wie »*die Liebe, umschlungenes Paar, traurig und immer voller Leidenschaft, / die in einem Wirbelsturm an der Flanke dich verwundet*«.

In der Sonne Roms überkam mich plötzlich die Lust, in die Fußstapfen dieses gewaltigen Musikers zu treten, seinem Beispiel zu folgen, seiner erstaunlichen Kunst, intensiv, fröhlich, unermüdlich zu leben – Reisen, Liebesaffären, Begegnungen. Liszts Leben lässt einen an die Märchen glauben, an die immanente Gerechtigkeit, an die Belohnungen eines außergewöhnlichen Talents und eines strahlenden Werks. Er hat auf vollkommene Weise eine einzigartige Bewegung vollzogen, im Leben wie in seinem Werk die gleiche Erfindungskraft bewiesen, und in beiden Fällen in Gesellschaft von Dante, aber auch von Byron, Goethe, Shakespeare oder Raffael. Und dann gab es bei Liszt auch dieses drängende Verlangen danach, sich zurückzuziehen, nach Einsamkeit, nach Besinnung, und er kam nach Rom, um es hier, zwischen Forum und Vatikan, zu finden, um in diesem Streben seine Sehnsucht zu stillen, frei zu sein – und gut.

Ich atmete tief den Duft der Pinien und der betörenden Gewürznelken ein, die sich an die Ruinen klammerten, und ich verschlang unvergleichliche *spaghetti alle vongole* und einen gegrillten Fisch in einer kleinen Trattoria. Ein letzter Tee auf der Terrasse der Piazza Navona, und dann startete ich endlich Richtung Umbrien, nach Assisi, der Stadt Giottos, wo alle Menschen Gott ganz nah zu sein scheinen.

Auf der Autobahn fuhr ich langsam, um keines der Schilder zu verpassen, die die Ausfahrten und Städte anzeigten. Ihre Namen sangen wie Sirenen. Jeder war eine Versuchung, von meinem Weg abzuweichen. Orvieto: Man hatte mir in den höchsten Tönen seine Kirche und seinen Brunnen gepriesen. Spoleto: kleines mittelalterliches Städtchen, das durch eine römische Brücke mit einem steilen Hügel verbunden ist, auf dem der heilige Franz eine Einsiedelei errichtet hatte und wo, versteckt im Schiff seiner Kathedrale, ein wunderbares Fresko von Filipo Lippi schlief. Aber ich widerstand der Versuchung, gestärkt durch meinen Entschluss, bis nach Deutschland zu reisen.

Während ich so fuhr, wurde ich mir der Ungebührlichkeit dieser Eskapade bewusst: Niemals war ich seit meiner Kindheit aus der musikalischen Zeit ausgebrochen. Zwischen einem Wettbewerb und dem Arbeiten an einem

Stück, zwischen einem Festival und einer Aufnahme blieben meine Kräfte auf den nächsten Abschnitt meines Lebens gerichtet: ein neues Repertoire spielen, ein Konzert vorbereiten, arbeiten, bis ich die exakte Abtönung eines Satzes erreicht hatte. Meine Zeit hieß Terminkalender, und mein Terminkalender befand sich in den Händen von Agenten, Plattenfirmen, Pressesprechern. Manchmal, wenn ich noch ein paar Freunden begegnete, wenn sie mir mein Verschwinden vorwarfen, die Unmöglichkeit, mich zu erreichen, wenn die ehrenamtlichen Mitarbeiter und die Verantwortlichen des Zentrums gegen meine ständige Abwesenheit protestierten, überkam mich die Lust, sie alle schroff zu fragen: »2008, am 28. März abends, wo werdet ihr da sein, was werdet ihr da machen?« Ich wusste es bereits.

Es war heiß, und die Autos tanzten am Horizont in großen Hitzewellen. Sie schienen aus Luftspiegelungen herauszukommen. Ich hatte Durst und beschloss, an einer Autobahnraststätte zu halten. Ich habe schon immer die großen Raststätten am Rand der Autobahnen geliebt. Bis heute sind sie für mich gleichbedeutend mit Ferienbeginn. Man hat das Gefühl, dass ihre Größe den Entfernungen entspricht, welche diejenigen, die dort Halt machen, zurückzulegen haben: lange sommerliche Fahrten, deren Anfänge und Ziele mir ebenso geheimnisvoll wie Antipoden vorkamen. Als kleines Mädchen betrachtete ich immer, wenn die Familienkutsche dort hielt, neidisch und ratlos diese blonden Riesen, die aus Klapperkisten mit sonderbaren Nummernschildern gestiegen waren und sich in unverständlichen Sprachen unterhielten, die wie Blasmusik klangen. Es schien mir, als würde eine Unmenge von Kilometern wie mikroskopisch kleine Michelin-Reifen von ihren Kleidern und Hosen abfallen. Sie hielten an diesen Autobahnraststätten, um zu tanken, sich die Beine zu vertreten, ein Sandwich zu essen und manchmal auch, um zu schlafen. Für mich kamen sie aus nebelhaften Ländern wie Finnland oder Schweden, um Paradiesen entgegenzubrausen, die kaum greifbarer waren: Sizilien, Griechenland und alle Küsten des Mittelmeers, wo sie endlich ihre hellen nackten Körper ins Wasser tauchen würden.

Ich kaufte im Laden eine CD von Radiohead, eine Flasche Wasser und eine Schachtel Kekse. An der Kasse radebrechte vor mir ein nicht mehr ganz junger Mann in einem sehr rudimentären Italienisch, aus dem ich einen französischen Akzent heraushörte. Er hatte mir den Rücken zugewandt. Ab und zu fuhr er sich mit den Fingern durchs Haar, und ich fand, dass er schöne Hände hatte. Die Lösung seines Problems schien noch eine gewisse Zeit in Anspruch zu nehmen, und ich bat ihn, mich vorzulassen, damit ich meine Einkäufe bezahlen konnte.

Als er meine Stimme hörte, drehte er sich plötzlich um: »Sie sind Französin?«

Mit blieb fast das Herz stehen. Seine Ähnlichkeit mit Pierre Barbizet, meinem geliebten Lehrer in Marseille, war verblüffend. Er machte einen sanften Eindruck, und seine Augen sprühten vor Intelligenz. Er bat mich, ihm als Dolmetscherin behilflich zu sein, ohne sich vorher zu vergewissern, ob ich überhaupt Italienisch sprach. Sein Wagen hatte eine Panne. Er hatte seine Versicherung angerufen, die ihm einen Abschleppwagen geschickt hatte, aber er wollte wissen, ob es eine Möglichkeit gebe, rasch nach Assisi zu kommen. Er habe eine »äußerst wichtige« Verabredung. Seine Eile erstaunte mich: Was konnte ihn in seinem Alter zwingen, unbedingt zu einer bestimmten Zeit an einem bestimmten Ort zu sein?

»Ich fahre nach Assisi. Ich kann Sie dort absetzen.«

Die Erleichterung entspannte sein Gesicht, und er überschlug sich vor Dankbarkeit.

»Nochmals danke«, sagte er erneut, als wir bereits eine gute Viertelstunde unterwegs waren.

Er saß kerzengerade da. Trotz des Sicherheitsgurts berührte er kaum die Rückenlehne; seine Schulter lehnte leicht an der Wagentür. Mit Rücksicht auf sein Alter – mindestens sechzig – hatte ich mich nicht getraut, die CD von Radiohead einzulegen. Ich warf ihm einen verstohlenen Blick zu und ein »aber das ist doch selbstverständlich, das macht mir nichts aus«. Die Ähnlichkeit mit Pierre Barbizet war wirklich unglaublich. Ich sah plötzlich wieder das Gesicht meines Lehrers vor mir, seine Augen, die aufleuchteten, wenn man verstanden hatte, was er einem hatte begreiflich machen wollen, und er es in unserem Spiel hörte. Eine Welle der Dankbarkeit und Zärtlichkeit durchströmte mich bei dieser Erinnerung.

»Ich muss um zwanzig Uhr in Assisi sein, um Schlüssel entgegenzunehmen. Ihre Besitzerin kann nicht länger warten, da sie eine Reise macht und ihre Fahrkarten nicht mehr umtauschen kann. Aber ich habe mich gar nicht vorgestellt«, fügte er sofort hinzu.

Er nannte mir seinen Namen und – ich fuhr zusammen – seinen Beruf: Französischlehrer im Ruhestand. Lehrer! Diese neue Analogie – war es wirklich nur Zufall? – beflügelte meine Phantasie.

Ich hatte aus Höflichkeit keine Musik angemacht und keine Unterhaltung begonnen, damit er sich nicht verpflichtet fühlte, sich für die Mitnahme mit einer ermüdenden Plauderei zu revanchieren, zu der er vielleicht keine Lust hatte. Jetzt hatte er gesprochen, und ich fasste seine Worte als Einladung auf.

»Als Kind träumte ich davon, Tierärztin zu werden oder Anwältin, um den Schwachen und Unterdrückten zu helfen. Heute bin ich sicher, dass man ihnen am besten helfen kann, wenn man ihr Lehrer ist.«

Ein feines Lächeln umspielte seine Lippen. »Das ist ein hübscher Gedanke, der aber leider nicht von vielen geteilt wird.«

»Trotzdem, was für ein wunderbarer Beruf! Vor allem«, fügte ich hinzu, »wenn der magische Moment kommt, in dem der Lehrer zum Meister wird, zum Lichtträger, zu diesem hellgelben Blitzschlag am traurigen Himmel der Jugend.«

Er nickte langsam. »Und Sie? Arbeiten Sie?«

»Ich bin Musikerin.«

»Das erklärt alles! Die Musik ist gewiss der letzte Bereich, in dem der Lehrer sein heiliges Amt des Weitergebens noch voll ausüben kann. Sie haben bestimmt einen

Lehrer gehabt, der Ihre Seele für die Geheimnisse seiner Disziplin geöffnet hat?«

Wie sehr er Recht hatte! Pierre Barbizet hatte seine Leidenschaft für die Musik an mich weitergegeben, das ständige Nacharbeiten und die Hingabe, die dazu nötig ist. »Wir sind von unserem Schicksal gespielte Musik«, sagte er immer. Und er hatte mir noch viel mehr mitgegeben. »Dieses große Privileg ist mir tatsächlich zuteilgeworden. Um ganz offen zu sein, mein Lehrer fehlt mir oft, und noch häufiger möchte ich ihm für die wichtigste Lektion danken, die er mir mit auf den Weg gegeben hat: den unbedingt notwendigen Zweifel und die Schlüssel, um ihn zu überwinden.«

»Zweifel woran?«

»An sich selbst, in dem ungeheuren Verlangen, noch einmal zu spielen, besser zu spielen, auf originelle Weise zu spielen.«

»Und welches sind die Schlüssel, die er Ihnen angeboten hat?«

Meine Antwort kam ganz spontan: »Die ständig erneuerte Gewissheit, dass es keinen schöneren Grund gibt, zu hoffen und zu studieren, als eben dieses Verlangen.«

Würde mein Mitreisender diese Ansicht teilen? Ich brauchte ihn nicht zu fragen.

»Ich kenne keinen besseren!«, sagte er, während seine Miene aufleuchtete. »Ebendas habe ich meinen Schülern klarzumachen versucht, wenn mir das Glück zuteilwurde, eine aufmerksame Klasse zu haben: Man darf sich nicht damit begnügen, zu arbeiten und das ›schon Bekannte‹ zu vertiefen, man muss auch und vor allem im richtigen Moment das ›noch Unberührte‹ entdecken. Dieser Elan ist die Lehrzeit, und im Laufe dieser Lehrzeit wird jeder, sofern er mit Begeisterung bei der Sache ist, das Beste in sich wecken. Aber das erreicht man nur unter einer Bedingung: Wenn man die Demut hat, niemals zu verachten, was ist, und den Stolz, niemals darauf zu verzichten, das zu begehren, was noch nicht ist.«

Ach, verzichten! Ja, verzichten. Ich kannte diese Versuchung, das Handtuch zu werfen, dieses Gefühl der Ohnmacht. Ich erinnerte mich an eine Nacht, in einem Hotel in Cleveland, in der Euclide Avenue, ein schrecklicher Ort, an dem ich mich plötzlich von allen verlassen fühlte. Ich war krank, allein, fern von zu Hause und ohne den geringsten Zuspruch. Ich hatte versucht, durch das fest verschlossene Fenster am Himmel einen Stern zu erkennen, an den ich mich klammern konnte, ich, die ich immer im Schweif des Kometen gewohnt hatte. Aber da war nur eine blasse, schmale, anämische Mondsichel gewesen, und ich hatte das Gefühl gehabt, dass er mein Phantom an der Hand mit sich nahm.

»Und wenn ich Sie fragte, was ein guter Schüler ist, Herr Lehrer, ein Schüler, der besteht?«

»Dann würde ich ganz einfach antworten: Jemand, der sich nicht damit begnügt, sich das alte Wissen anzueignen, und der nicht nur und leidenschaftlich danach strebt, noch nie Dagewesenes zu schaffen, sondern...«

»Sondern?«

»...sondern bereit ist, beim Schopfe zu packen, was

sich bietet. Das Geheimnis des Augenblicks zu ergründen. Ja, ich würde sagen, ein guter Schüler ist ein Seiltänzer des Augenblicks.«

Das Geheimnis des Augenblicks. »Für den Zweig ist das Gewicht des Augenblicks das Gewicht des Vogels.« Erneut ging mir dieser Satz durch den Kopf. Was wollte er mir sagen? Dass genau dieser Augenblick geheimnisvoll war, ja sogar unheimlich?

Ein Wagen überholte mich mit großer Geschwindigkeit. Ich sah undeutlich die Arm- und Kopfbewegungen des Fahrers und seiner Beifahrerin, die sich stritten. Hinter ihnen kämpften zwei Kinder. Ein drittes drückte die Arme gegen die Heckscheibe und hielt ein Blatt Papier hoch, auf das es mit riesigen Buchstaben HELP gekritzelt hatte. Ich lächelte. Der Lehrer brach in schallendes Gelächter aus.

»Ach! Die Erziehung!«, sagte er. »Es gibt nichts auf der Welt, was schwieriger ist! Lehrer-Schüler, Vater und Sohn, Mutter und Tochter ... Wie viel Großzügigkeit und wie viel Gegenseitigkeit in der Großzügigkeit sind da notwendig. Der Lehrer kann nicht einfach seinen Schüler fertigmachen und der Schüler seinen Lehrer verraten. Es ist ein Austausch, ein Vertrauen, ein Geschenk in der Liebe des anderen. Die Großzügigkeit besteht darin, dass man gibt, aber auch, dass man bereit ist zu nehmen. Ein wirklicher Lehrer schickt seinen Schüler an dem Tag fort, an dem er die Lehrzeit für abgeschlossen hält. Und diese Trennung enthält die Aufforderung, dass der Schüler ihn übertrifft; ohne dieses Überholen scheitert nicht nur die

Weitergabe, sondern auch jeder Fortschritt der Menschheit.«

»Allerdings muss der Schüler auch den Wunsch haben zu lernen und auf die Welt neugierig sein«, gab ich zu bedenken.

»Absolut! Der Traum des Lehrers ist, dass ein junger Schüler zu ihm kommt und sagt: ›Ich möchte endlich lernen zu leben.‹ Lehren, weitergeben, das bedeutet, dass man das Leben lehrt.«

»Zu leben kann also gelehrt werden? Kann man leben überhaupt anders lernen als im Schmerz der Erfahrung? Kann man das Leben akzeptieren und bejahen? Ganz besonders heute, wo es doch Mode ist, es zu verfluchen?«

Mein Lehrer schüttelte lebhaft den Kopf. »Ach was! Lernen zu leben bedeutet zunächst einmal, dass man lernt, das Leben zu lieben, das heißt, einfach nur zu lieben. Öffnet die Fenster, den Himmel, die Meere, und die Liebe wird nur so hereinströmen. Wenn wir dann von Liebe durchtränkt sind, müssen wir nicht etwa lernen zu sterben, sondern nicht zu sterben. Und nicht zu sterben bedeutet nichts anderes, als dass man sein Leben in das vollendete Werk überträgt und in die Vision, die man davon gehabt hat.«

»Was für eine Vision?«

»Lassen Sie mich mit Baudelaire antworten: ›Mit der Poesie und durch die Poesie, mit der Musik und durch die Musik bekommt die Seele eine Ahnung von den Herrlichkeiten hinter dem Grab.‹ Baudelaire, der glaubt, dass die Tränen, die wir vergießen, wenn wir das Schöne entdecken, unsere Natur offenbaren, ›verbannt ins Unvollkommene, die sofort schon hier auf Erden eines offenbarten Paradieses habhaft werden möchten‹. Verstehen Sie mich?«

»Ja. Ich habe immer an das Paradies geglaubt, das der Entdeckung harrt. An das Paradies hier auf Erden.«

»Bravo! Schließen wir eine Wette ab. Wenn wir keinen Sinn für unser Leben finden, diesen kurzen Aufenthalt zwischen einem vorhergehenden Nichts, als wir noch nicht auf der Welt waren, und einem künftigen Nichts, wenn wir gestorben sein werden, dann können wir immer noch glauben, wir könnten aus diesem Aufenthalt, diesem außergewöhnlichen und geheimnisvollen Augenblick unserer Präsenz, ein Paradies erschaffen. Treten wir in Wettstreit mit dem ursprünglichen Paradies.«

»Bei diesem Vorhaben mache ich gern mit!«, sagte ich beschwingt und lachte.

Der Doppelgänger von Pierre Barbizet bezauberte mich wirklich – er war zugleich ernsthaft und witzig, heiter und nachdenklich. »Es braucht viele Jahre, um jung zu werden«, sagte Picasso.

»Haben Sie den Schlüssel zu diesem Paradies?«, fragte ich ohne Umschweife.

»Wir besitzen ihn alle: Er entsteht in genau dem Augenblick, in dem zwei Menschen sich begegnen, in der gleichen Anwandlung gegenseitiger Großzügigkeit. Aber diese Begegnung muss unter idealen Voraussetzungen stattfinden: der vollständigen Freiheit eines jeden Menschen.

Und der Mensch ist niemals freier, als wenn er kreativ ist. Das ist der Ort, wo Gott sich versteckt.«

»Ich verstehe: Das Leben hat einen Sinn im Paradies des Werks, und das Werk hat einen Sinn in seiner lebendigen, vitalen Weitergabe. Ist es so?«

»Ja. An das Leben zu glauben heißt, an seine Kraft zu glauben. Um diese Kraft zu begreifen, müssen wir uns von jeder Art Aberglauben befreien, von dem tragischen Übel, das darin besteht, dass wir um jeden Preis geliebt, anerkannt, gefeiert werden wollen ... und folglich hassen. Die Kraft des Lebens ist der Lebenstrieb, der uns hin zum anderen treibt, die Fähigkeit, ihn zu lieben und zu bewundern, ohne irgendeine Macht über ihn ausüben zu wollen – sondern indem man seine uneingeschränkte Freiheit respektiert. Sie sehen, wir sind wieder bei der Beziehung zwischen Lehrer und Schüler: Was diese wesentliche Beziehung korrumpieren kann, ist gerade das Bedürfnis, gefeiert zu werden, Beifall zu bekommen, der Wunsch, den anderen zu verstümmeln, um ihn unter seiner Fuchtel zu behalten. Wenn allein die Kraft des Lebens am Werk ist – die *Kraft*, nicht die *Macht* –, dann sind wir frei wie der Vogel am Himmel, der Fisch im Meer. Aus diesen Gründen können weder die Musik noch die Malerei und auch keine andere Kunst einen Selbstzweck haben, denn das Leben ist nichts Persönliches.«

Ich runzelte die Stirn. Irgendetwas war mir unklar in seiner Argumentation. In dieser Beziehung zwischen der Zweckbestimmtheit der Kunst und dem Leben. Ich sagte es ihm.

»Wenn der künstlerische Ausdruck eine Feier des Lebens ist, in einer Bewegung absoluter Freiheit«, fuhr er mit sanfter Stimme fort, »dann akzeptiert der Künstler *de facto*, sich in ihm aufzulösen. Prosaisch gesprochen: Keine Kunst kann zu Zwecken persönlichen Ruhms oder persönlicher Eitelkeit benutzt werden. Das Kunstwerk ist größer als sein Schöpfer – es übersteigt ihn, saugt ihn auf. Deswegen muss man ›der Versuchung widerstehen‹, auf die Berühmtheit pfeifen, um nur das Leben zu feiern.«

»Um zu schaffen, zu interpretieren, muss man also zunächst lernen, frei zu sein?«

»Ja. Das war die große Lektion der Künstler, der Helden und der Heiligen. Aber frei sein reicht nicht, das ist ebenfalls kein Zweck an sich. Man muss frei sein, um das große Alphabet der Erschaffung zu lernen, um hier und jetzt das Paradies zu schreiben. Dann wird jedes Schreiben notwendig zum Liebesbrief. ›Wenn ich schreibe, liebe ich dich‹, notiert Auden. In der Tat muss man den Gedanken noch weitertreiben: Man sollte nur aus Liebe sterben, und nicht eines tragischen Todes; man sollte nur kreativ sein, um diesen Tod zu überschreiten, und nur durch diesen Tod aufhören, kreativ zu sein.«

»Ich glaube, ich verstehe ...«

»Darf ich Ihnen eine Geschichte erzählen, um meine Ausführungen zu veranschaulichen? Ich borge sie mir bei Novalis aus. Darf ich, wirklich?«

Und er begann: »Es waren einmal ein junger Mann und eine junge Frau. Sie sind ineinander verliebt. Er heißt Hyazinth, sie Rosenblütchen. Sie sollen heiraten. Aber eines Tages kommt ein düsterer, fiebriger Greis in die Stadt. Die ganze Nacht erzählt er dem jungen Paar von den Reisen, die er gemacht hat, den Ländern, die er kennen gelernt hat, und den Menschen, denen er begegnet ist. Hyazinth ist fasziniert und hat, als der Morgen graut, nur einen Wunsch: ebenfalls fortzugehen, um das Geheimnis der Welt zu entdecken. Dieser Traum lässt ihm keine Ruhe, er isst nicht mehr, er trinkt nicht mehr, er schläft nicht mehr; er vernachlässigt sogar seine Braut. Schließlich bekommen Rosenblütchen und ihre Familie Mitleid mit ihm und geben ihm eine kleine Summe, damit er fortgehen kann. Im Laufe seiner Reise erwirbt Hyazinth Tag für Tag, von Stadt zu Stadt, Jahr um Jahr und von Land zu Land, indem er mit offenen Augen durch die Welt geht, immer mehr Weisheit und Wissen. Schließlich bewirbt er sich um die letzte Station: die Initiation. Aber um ein Initiierter zu werden, muss er allein den Tempel betreten und, auf die Gefahr hin zu sterben, den Blick der Göttin aushalten, indem er den Schleier hebt, der sie dem Blick der Menge entzieht. Hyazinth tut es, aber im Traum. Er betritt den Tempel, hebt den Schleier – und was er entdeckt, ist das Gesicht von Rosenblütchen, und dann wirft Rosenblütchen sich in seine Arme.«

Nur die Stille konnte den Zauber der Geschichte würdigen. Wie in der Musik, nach den letzten Tönen einer Sonate. Wir lächelten uns zu, und mein Lehrer begann, die Landschaft zu betrachten. Die Sonne näherte sich dem Westen, und das Licht lud sich auf mit Staub und Gold. Das Band des Tibers in der Ebene rief den Himmel. Die großen Kerzen seiner Pappeln entzündeten sich an ihren Wipfeln; ihre Flammen flackerten sanft in der warmen Brise des Sommers. Auf den Feldern mähten Mähmaschinen den Weizen; Männer und Frauen waren auf dem Weg zum Stroh und zu den Blumen, die auf sie warteten.

Ich brach das Schweigen als Erste, nicht aus Verlegenheit, die Gesellschaft des Lehrers war ein Privileg, aber ich wusste, dass er zu der Sorte Menschen gehören musste, mit denen man, ohne dass es bedrückend wurde, den Gesprächsfaden abreißen lassen und wiederaufnehmen konnte, um das Leben zusammenzuheften. Es machte mir einfach nur große Freude, ihm zuzuhören.

»Dann bringen Sie Ihren Schülern also bei, das Paradies zu beschreiben?«

Er lachte.

»Ich habe es versucht, ohne besonders originell zu sein; *scholé*, wovon sich das Wort ›Schule‹ herleitet, bedeutet auf Griechisch ›freie Zeit‹. Die Zeit der Freiheit. Aber die Zeit der Freiheit ist keine Zeit, die man benutzt, um nichts zu tun, sie ist eine Zeit, die man benutzt, um sich frei zu machen, also um zu lernen. Die Schule ist das Erlernen der Freiheit, und der Schüler ist derjenige, der sich erhebt, der sich des Notwendigen, des Überflüssigen entledigt. Die *scholé* ist die Zeit des Wesentlichen. Die Zeit, in der man sich dem öffnet, was ist, in der Wahrheit. Die Zeit, in der man sich der menschlichsten Tätigkeit widmen kann: den Beschäftigungen der Seele, mag es sich nun um das Lesen, die Liebe oder die Entdeckung der

Welt handeln. Die Lehrer lehren, die Werke lehren ebenfalls. Sie als Musikerin müssten eigentlich verstehen, was ich meine.«

»Ich glaube schon. Die Musik hat mich gebildet, so wie Sie gesagt haben: Sie hat mich erhoben: Bach, Mozart, Haydn, und in meinem Fall besonders Rachmaninow, Brahms oder Chopin sprechen zu mir, und ich befrage sie oft. Sie sind die Lehrmeister und die Wächter, die mich ständig, unermüdlich an den Horizont, die Quelle, die Erneuerung und das Über-Sich-Selbst-Hinauswachsen erinnern. Die Musik verkündet, und sie wird immer die Wahrheit verkünden, weil sie die Zukunft *voraussagt.*«

Konnte ich ihm von dem kleinen Film erzählen, den ich mir manchmal vorführte? Eine Wahrsagerin beugt sich über ihre Kristallkugel, reibt sie, und plötzlich öffnet sich die Glaskugel, um in den ganzen Raum, auf allen Etagen, Ströme von Bach für die Verzweifelten, von Brahms für die Verliebten, von Mozart für die Geistreichen, von Vivaldi für die Fröhlichen zu ergießen. Oh, die Musik! Was für eine phantastische Wahrsagerin!

»Die Zukunft, Ihre Zukunft und die Zukunft aller, Mademoiselle, ist, dass Sie Lebende sind, große Lebende. Ich wünsche Ihnen, dass das Leben unaufhörlich in mächtigen Strömen durch Sie hindurchfließt.«

Und konnte ich ihm jetzt gestehen, dass ich durch Italien reiste, um mich dem Leben zu öffnen, das seit einigen Monaten nur noch so schwach durch meinen Körper strömte?

»Sagen Sie«, fuhr er fort, »welcher oder welche der Lehrer, die Sie unterrichtet haben, oder welche Werke waren für Sie am fruchtbarsten?«

Ich überlegte. Der Kopf schwirrte mir unter der Lawine von Antworten, die mein Mitreisender mir auf Fragen gegeben hatte, die mich schon seit langem quälten.

»Ich kann Ihnen schon einmal sagen, was beide mir, jeder auf seine Weise, gegeben haben, ohne dass ich sagen könnte, was jeweils von wem kommt. Meine Lehrer haben mir den Sinn beigebracht, diesen Sinn, der eine Übereinstimmung, eine Entsprechung stiftet zwischen dem Wort und der Welt – dem Wort, dem Ton –, diesen Sinn, der dafür sorgt, dass ein Funke überspringt zwischen der menschlichen Seele und der Transzendenz des Werks. Ihre Geschichte hat mir gefallen, weil sie mich hat erkennen lassen, wie sehr ich, wenn ich ein Stück am Klavier spiele, wenn ich versuche, seine Transzendenz weiterzugeben, wenn es mir endlich gelingt und ich sie aufdecke, der Liebe in die Augen blicke. Genau das lehren mich die Werke.«

»Hatten Sie bestimmte Erwartungen an Ihre Lehrer?«

»O ja, gewiss, auch wenn ich es damals nicht wusste. Ich erwartete viel mehr als eine Initiation – eine Geburt. Ich bedurfte einer Geburt. Ich erwartete, dass der Lehrer mich zur Welt bringt, weil ich das Bedürfnis hatte, geboren zu werden.«

Es gab, wie in einer Partitur, eine Pause. Ein langes Schweigen, während dem jeder von uns seinen Gedanken nachhing und die Landschaft betrachtete.

Und plötzlich bemerkte ich nach einer langen Kurve an der Straße das Schild »Assisi«. Ich zuckte zusammen. Assisi, schon! Die Zeit war wie im Traum vergangen. Wie im Traum waren wir an unser Ziel gelangt. Ich war ein bisschen traurig darüber.

Schweigend bremste ich etwas ab, um mich darauf zu konzentrieren, die Autobahn zu verlassen. Ich blinkte und nahm die kleine Straße, die die Ebene verließ und sich aufmachte, den Monte Subasio zu erobern, den heiligen Hügel Umbriens. Man konnte bereits das gewaltige Gebäude des Klosters erkennen, das wie ein tibetisches Lamakloster anmutete, und die Lawine von Häusern, die ihm von den Höhen entgegenstürzte. Der Augenblick war bezaubernd und die Luft klar. Ich kurbelte das Wagenfenster hinunter, um die Düfte der Landschaft einzuatmen. Es roch intensiv nach Sommer, Ernte und wildem Gras.

Vor den Toren von Assisi bat mein Mitreisender mich, falls mich das nicht zu sehr von meinem Weg abbringen würde – und ich wurde mir bewusst, dass er nicht die geringste Frage über mein Privatleben oder über den Grund meiner Reise gestellt hatte –, ihn hinauf in die Stadt zu fahren. Ich fuhr durch die Porta San Pietro und die enge und kurvige Hauptstraße hinauf. Nach dem Hauptplatz, wo die Kirche mit den Überresten eines griechischen Tempels verschmolz, fuhr ich weiter bis zu einem kleinen, von Blumen zugewachsenen Haus, das sich ganz hinten in einem Pfarrgarten versteckte.

Ich parkte den Wagen so nah wie möglich an der Mauer,

wo zwischen den hellen Steinen Moos und Blümchen wuchsen.

»Und heute, Mademoiselle, warten Sie noch immer. Und auf was warten Sie noch?«, fragte mich der Lehrer, während er mir die Hand schüttelte und nachdem er mir tausendmal gedankt hatte, dass ich ihn hierhergefahren hatte.

Diese Frage traf mich unvorbereitet.

»Tja also, ja, ich warte. Wenigstens hoffe ich es. Um die Wahrheit zu sagen, meine Erwartungen sind grenzenlos. Aber zeichnet nicht gerade die Grenzenlosigkeit seiner Erwartungen den Menschen aus?«, fügte ich lachend hinzu. »Die Erwartungen, ohne die wir uns nicht gedulden könnten; und ich gebe zu, ich bin schon immer sehr ungeduldig gewesen.«

»Und was für Erwartungen haben Sie?«

Ich zuckte die Achseln: »Die Musik besser zu spielen, immer besser. Den Schlüssel zu den Werken zu finden. Und damit die Liebe zu finden.«

Er nickte.

»Ich verstehe.«

Er stieg aus, nahm seine Reisetasche vom Rücksitz, reichte mir noch einmal die Hand durch das offene Wagenfenster, dankte mir und wünschte mir eine gute Reise.

Ich glaubte, er würde sich entfernen, aber er beugte sich erneut zu mir herunter.

»Erlauben Sie mir eine Anregung, Mademoiselle: Wie wäre es, wenn Sie, anstatt die Musik zu spielen, versuchten, sie zu erfahren?«

Er grüßte mich ein letztes Mal, und ich fuhr sofort los, um einem Wagen, dem ich die Durchfahrt versperrte und dessen Fahrer alle Zeichen von Ungeduld zeigte, Platz zu machen.

Während ich den Gang einlegte, warf ich einen Blick in den Rückspiegel, um ein letztes Mal meinen lieben Lehrer zu betrachten.

Er war verschwunden.

3

Am nächsten Morgen wachte ich spät auf. Durch den langen Flug von New York hierher, den Zeitunterschied, das ganz neue Gefühl, Ferien zu haben, war ich in einen tiefen und erquickenden Schlaf gefallen. Vor meinem Fenster gaben Vögel ein ohrenbetäubendes Konzert; ich öffnete die Augen.

Ich sah weiß gekalkte Wände, ein einfaches Waschbecken mit nur einem Hahn in einer Ecke, einen kleinen Tisch aus dunklem Holz gegenüber dem Bett, einem schmalen Eisenbett, in dem ich zusammengerollt unter einer dicken Decke lag – und über meinem Kopf ein Kruzifix. Und ich erinnerte mich.

Alle Hotels in Assisi waren ausgebucht gewesen. Um einundzwanzig Uhr hatte ich erschöpft und nicht gerade begeistert erwogen, in meinem Wagen zu übernachten, als die Besitzerin des letzten Hotels, in dem ich gefragt hatte, mich an der Tür einholte.

»Signora! Wenn Sie nichts finden«, sagte sie in einem singenden Italienisch zu mir, »gehen Sie zu den Klarissen. Sie nehmen Pilger auf und beherbergen auch allein reisende Frauen. Wenn sie Platz haben, wird es den kleinen Schwestern eine Freude sein, Sie aufzunehmen. Sie verlangen zwar nichts für die Übernachtung, aber sie leben von Spenden.«

Das Kloster lag außerhalb der Stadt, oben auf dem Monte Subasio, versteckt in einem Gewirr von Bäumen und Geißblattsträuchern, Kapuzinerkresse und Olivenbäumen; unter ihr Laub hatte der Schatten samtene Tücher geworfen, in die sich die Düfte des Abends zurückzogen.

Eine Eisenkette bewegte die Glocke des Klosters. Ich zog an ihr, und wie durch Zauberhand öffnete mir die Schwester Pförtnerin. Ich erklärte ihr meine missliche Lage, und zu meiner großen Erleichterung hieß sie mich mit einem herzlichen Lächeln willkommen. Ihre Haut war ganz dünn und runzlig, wie bei einem Kind, das bald rund wie ein Apfel werden würde; mit schnellen Schritten führte sie mich zu einer Zelle am Ende eines Korridors.

Ich war ihr in den Schacht einer steinernen Treppe gefolgt, unter hellen Gewölben, wo ein Duft von Eisenkraut und Seife von schwarzen Oliven in der Luft hing. Neonleuchten erhellten die langen Korridore. Und obwohl es draußen warm war, gingen wir durch Streifen großer Kühle, als hätte das Kloster in seinem Innern einen eigenen Himmel, eigene Wolken, frische Luft für sich allein.

»Das ist Ihr Zimmer«, sagte die Schwester zu mir und öffnete die Tür. »Am Ende des Gangs gibt es ein Badezimmer. Morgen wird Schwester Catarina Ihnen das Kloster zeigen, wenn Sie wollen. Wir frühstücken im Morgengrauen, aber Sie können schlafen, solange Sie möchten; Sie werden immer Kaffee im Refektorium finden. Es ist spät, gute Nacht, schlafen Sie gut, und Gott segne Sie.«

Ich hatte meine Reisetasche ausgepackt und das Fenster geöffnet, um die Geräusche der Nacht hereinzulassen – Zikaden, Grillen, der Schrei der Eulen und, wenn man die Ohren spitzte, das seidige Rascheln der Fledermäuse, die dicht an den Mauern vorbeiflogen. Die Geißblattsträucher, die sich unter die Rosen mischten, die Rosen, die sich unter die Sterne mengten, die wohlige Müdigkeit, die Erinnerung an den Lehrer gaben der Dunkelheit Gewicht, und mich überkam wieder der alte Kindheitswunsch, die Nacht wiegen zu können. Was bedeutete dieser letzte rätselhafte Satz des Lehrers? Seine Anregung, die Musik zu erfahren? Die Schatten erschlafften, ich war auf mein Bett und in einen tiefen Schlaf gefallen.

Die Sonne stand hoch, als ich mein Zimmer verließ und den Weg vom Abend zuvor in umgekehrter Richtung ging. Das Kloster wirkte menschenleer, und ich ertappte mich, dass ich auf Zehenspitzen ging, während ich die Mauern streichelte, die Generationen von Händen vor mir berührt hatten; der Stein war dadurch poliert worden, glatt wie Marmor. Die offenen Fenster gingen auf den Garten und dann auf die Landschaft – kleine Schluchten und ein paar Spalierfelder, die bis nach Assisi hinabfielen.

Im Erdgeschoss ebenfalls niemand. Ich traute mich nicht, das Refektorium zu suchen oder jemanden zu rufen. Meine Reisetasche war in meinem Zimmer geblieben. Ich beschloss, später wiederzukommen; fürs Erste träumte ich von einem Frühstück auf einer Terrasse, auf diesem Platz, über den ich tags zuvor gefahren war.

Auch am Eingang war niemand. Ich ließ eine Nachricht auf dem Schreibtisch der Schwester Pförtnerin zurück, und fünf Minuten später trank ich genussvoll einen Orangensaft auf der Piazza Santa Maria Minerva, während ich in einem gerade gekauften Führer blätterte, fest entschlossen, alles von dieser wunderschönen Stadt zu sehen, vor allem die Fresken Giottos. Das Glück weitete mein Herz. Ich hatte das Gefühl, ein Fisch zu sein, der sein Glas gegen das weite Meer getauscht hat. Jede Stunde öffnete einen neuen Horizont auf die unendlichen Möglichkeiten, die meine neue vorübergehende Freiheit mir schenkte.

Und jetzt stand ich vor den Fresken, die das Leben des *Poverello* vor einem paradiesblauen Hintergrund erzählten. Ein Blau, aus dem manchmal Seraphen mit goldenen Flügeln flogen; oder die Jungfrau, die auf einem Esel, das schlafende Kind in ihren Armen, auf ewig die Wüste durchquerte. Es war eine solche Frische, eine solche Unschuld in diesen Gemälden – und ich zog diejenigen der unteren Basilika vor –, dass sie einen mit Sanftmut überschwemmten, die einem heimtückisch durch und durch ging wie feiner Regen.

Ich trat ins grelle Sonnenlicht hinaus, aufgewühlt und voller Bewunderung für diesen ganz einfachen Mann, der, strahlend vor Unschuld, auf alles verzichtet hatte, und zuallererst auf sich selbst, um die Liebe zu gewinnen;

für diesen Mann, dessen Beispiel die Menschenmassen erschütterte. Seine Freude hatte Klara bekehrt; um seinen Schritten und in seinen denen Christi zu folgen, hatte die adlige Jungfrau ihm die goldenen Wogen ihres Haars zu Füßen gelegt.

Ich verließ die Basilika, lief durch die Straßen der Stadt wieder hinauf und überquerte lebhaften, federnden Schritts den Platz, während ich in Gedanken zwischen Franz Liszt und dem »Kleinen Armen« hin- und herwechselte; Liszt, der in den Orden des heiligen Franziskus eingetreten war, berührt auch er am Ende seines Lebens, berührt von der Gnade, die der Atem des Heiligen sieben Jahrhunderte vorher in der Luft von Assisi verstreut hatte wie der Wind die Staubgefäße des Löwenzahns. Diese Konversion hatte ihn zu wunderbaren Stücken inspiriert, wie die *Vogelpredigt*, wo der Gesang der Meisen, ihre ausgelassenen Arpeggien, fröhlichen Triller und wilden Staccati Musik geworden waren.

Franz, Francesco, ihre Güte und die Vögel, und plötzlich stand ich vor der Gittertür, an der ich tags zuvor den Lehrer abgesetzt hatte. Bewusst? Unbewusst? Mein Umherirren hatte mich zu dem kleinen Haus und seinem Pfarrgarten geführt. Drosseln raschelten in dem von Sulfat blau getönten Weinlaub. Längs der Mauern streckten Stockrosen ihre Knospen in die Sonne. In einem plötzlichen Impuls versuchte ich, das Eisentürchen zu öffnen. Es war abgeschlossen; im selben Augenblick wurde mir bewusst, dass alle Läden zu waren und der ganze Ort bis zu den Dachziegeln hinauf diese Verschlafenheit verlassener Häuser ausstrahlte. Woran kann man die lange Einsamkeit erkennen, der ihre Eigentümer sie überlassen hatten? Der Garten war noch nicht verwildert, noch war kein Eichhörnchen zwischen das Holz des Fensterladens und das des Fensters geschlüpft, um sich sein Winternest zu bauen. Und doch wusste man, dass Monate ins Land gehen würden, bevor eine Hand die Tür aufschieben, die Läden öffnen und die Räume lüften würde. In der Zwischenzeit würde das friedliche Gebäude mit den Spinnen gemeinsame Sache machen und diese vielen vertrauten zarten Gerüche destillieren, die schließlich diesen einzigartigen, unverwechselbaren Duft bilden würden, den jedes Haus für sich annimmt – und nur dieses eine, keines sonst auf der Welt.

Ich hätte den Lehrer gern wiedergesehen und die Unterhaltung fortgesetzt, die tags zuvor mit unvergleichlicher Tiefe und Einfachheit und voller Vertrauen begonnen hatte, aber die verriegelte Tür versagte mir dieses Vergnügen. Ein eigenartiges Gefühl beschlich mich, eine Art Traurigkeit, deren Ursache ich erkannte, obwohl ich wusste, dass andere Eindrücke die Sache komplizierter machten. Warum war dieses Haus geschlossen, als hätten die gestrige Szene, unser überstürzter Abschied nicht stattgefunden? Wo war der Lehrer heute? Wo mochte er hingegangen sein, und woher kam er? Hatte er überhaupt existiert?

Er würde also ein Rätsel für mich bleiben. Die Erinnerung an ihn würde für immer von der Doppelsinnigkeit seiner Ähnlichkeit mit meinem Lehrer umgeben sein.

Und vielleicht, sagte ich mir, während ich zum Parkplatz hinunterging, wo ich meinen Wagen gelassen hatte, handelte es sich gar nicht um Ähnlichkeit, sondern um eine Erscheinung, als sei der Geist meines Lehrers auferstanden, um mir zu helfen, das Puzzle meines Lebens wieder zusammenzusetzen.

Und was die Traurigkeit betraf... Sie entsprach so sehr der Färbung Assisis, sie war ihr Nachgeschmack – der Geschmack, welcher der Seele bleibt, wenn die süße Freude der Entdeckung unter der Zunge geschmolzen ist.

Ich schüttelte mich, um mich von dieser Anwandlung von Melancholie zu befreien, und ging schneller. Ich war schon immer empfänglich gewesen für das Gefühl, etwas schon einmal gesehen, schon einmal erlebt zu haben, für diese kaum greifbaren winzigen Eindrücke, die die Gedanken streifen wie diese leichten Luftzüge, die in einem Haus einen Augenblick lang die Vorhänge bewegen, ohne dass ein Fenster geöffnet ist. So dachte ich etwa oft an meinen Freund Dennis, der mir Alawa, meine Wölfin, geschenkt hatte, und mit ihr die Liebe zu allen Wölfen, und der vor mittlerweile zehn Jahren gestorben war.

Ich dachte häufig an ihn, und oft erinnerte, ohne dass ich an ihn dachte, irgendetwas in meiner Umgebung, ein Duft, eine Atmosphäre, eine Gestalt, mich lebhaft an ihn, so lebhaft, dass ich zutiefst überzeugt war, seinem Geist begegnet zu sein – dass er mir aus dem Jenseits Zeichen sandte.

Das letzte Mal war mir das in Berlin passiert. Das Flugzeug hatte mich spätabends in dieser Stadt abgesetzt, und ich hatte wegen des Zeitunterschieds keine Lust zu schlafen. Anstatt mit weit offenen Augen im Hotelzimmer zu bleiben und zu versuchen einzuschlafen, hatte ich daher beschlossen, sofort den Probenraum aufzusuchen, in dem das Klavier auf mich wartete. Der Schlüssel, der an der Rezeption des Hotels für mich hinterlegt worden war, war fast zu groß für meine Hand – er war so riesig, dass man ihn für den Schlüssel eines Bergfrieds oder des Turms halten konnte, in den Blaubart seine Frauen einsperrte. Die Tür, zu der er passte, enttäuschte mich nicht, als das Taxi mich vor dem Steinway-Haus absetzte: gewaltig, und so schwer, dass ich mit aller Kraft mit meiner Schulter dagegen drücken musste, um sie zu öffnen.

Der Raum befand sich im Kellergeschoss des Gebäudes. Die Atmosphäre dort drin war ganz anders, aber magisch, der Raum war gedämpft und mit signierten Künstlerfotos geschmückt. Ich sah sie mir eingehend an. Solche Aufnahmen haben stets etwas Ergreifendes – dieser für immer eingefangene Augenblick eines Ruhms, eines Lächelns oder einer einfachen Gefühlsregung – und scheinen uns ein Geheimnis preisgeben zu wollen. Die Art und Weise, wie sie einen anschauen, als seien sie lebendig und sich bewusst, dass sie hinter der dünnen Firnisschicht des Fotos eingesperrt sind. Da hingen die Porträts von Clara Haskil, von Josef Hofmann, von Sergej Rachmaninow.

Draußen war es Nacht, Winter, aber hier hatte ich einen Hafen, eine kleine Enklave meiner eigenen Welt, in der ich mich mühelos zurechtfand. Ich setzte mich sofort ans Klavier, ganz in meine Partitur versunken, gefangen genommen von ihr, und es war, wie stets, wenn der Zauber wirkt, ein Augenblick unaussprechlicher Freude. Ich spielte die Sonate Nr. 2 in b-Moll von Chopin, die vor allem wegen ihres dritten Satzes bekannt ist – des Trauermarschs. Es war der ideale Ort, um von dem Geheimnis, das der Tod ist, zu sprechen, über das Chopin nachgedacht hat und das ich meinerseits hatte interpretieren wollen – weil nur der Tod dem Geist die Möglichkeit gibt, diesen so zentralen Punkt zu begreifen, an dem das Leben, gerade das Leben seine Dringlichkeit zurückgewinnt. Zugleich öffnet diese Sonate dem Denken der ganzen Menschheit, die stirbt, ein Asyl. Während ich an jenem Abend spielte, begriff ich mit strahlender Klarheit, wie sehr die Wahrheit der Musik – und damit die Wahrheit des Lebens – nicht darin besteht, das Glück zu simulieren, sondern mit einer Feuerlinie seine Tragödie einzukreisen. Dann können die Freude, das Glück nur noch aus einer Versöhnung zwischen dem Schmerz und dem Leben hervorgehen, diesem dissonanten Akkord, den der Tod gesetzt hat.

Ich fühlte mich wohl, ich atmete im Einklang mit den Sätzen der Sonate, vollkommen konzentriert. Als ich den Kopf von der Tastatur hob, war es drei Uhr morgens – Zeit, endlich schlafen zu gehen. Ich rief, wie vereinbart, im Hotel an, damit man mir ein Taxi schickte, und dort versicherte man mir, dass der Wagen in fünfzehn Minuten da wäre. Genug Zeit, um das Klavier zu schließen – ein letzter Blick in den Raum, ein Seufzer –, das Licht auszumachen und den Schlüssel in den großen Kasten in der Eingangshalle zu hängen. Dann schloss ich die schwere Tür hinter mir, ein wenig wie eine Schachtel voller Geheimnisse. Ganz plötzlich legte sich die Müdigkeit, eine tiefe Müdigkeit auf meine Schultern, und gleichzeitig ging ein eisiger Regen auf mich nieder. Ein böser Wind fuhr in meinen Kragen. Die Straße war menschenleer. Alles um mich herum wirkte schmutzig, aufgelöst in einer grauen Eintönigkeit, die der gelbliche Lichthof der Straßenlaternen noch trostloser machte. Fünfzehn Minuten, zwanzig Minuten, und noch immer kein Taxi.

Ich konnte nicht einmal mehr im Innern des Steinway-Gebäudes Zuflucht suchen; ich hatte mich ausgesperrt. Eine halbe Stunde. Ich war bis auf die Haut nass und durchgefroren. Ganz offensichtlich war kein Wagen gefunden oder die Nachricht nicht weitergegeben worden. Und plötzlich sah ich, wie aus dem Nichts aufgetaucht, ein merkwürdiges Individuum auf mich zukommen, groß, über fünfzig, einen offenen Anorak über einem T-Shirt mit den Insignien des Blues und mit einer Pluderhose. Er trug riesige Schuhe mit eckiger Spitze, und unter seinem antiquierten Hut – aber aus welcher Zeit? – entflammten zwei stechende Augen den Schatten. Seine Ähnlichkeit mit Dennis verschlug mir den Atem, so sehr, dass ich keine Angst hatte. Ich war sprachlos, vollkommen verblüfft, weil der Unbekannte ohne zu zögern auf mich zukam, sicheren Schrittes, wie jemand, der zu einer Verabredung kommt und weiß, dass die

Person, die sich mit ihm verabredet hat, da sein wird. Sein Schritt war völlig unmissverständlich, nichts deutete darauf hin, dass irgendeine Gefahr von ihm ausgehen könnte.

Mit der gleichen Natürlichkeit blieb er neben mir stehen, als warteten wir beide auf denselben Bus, und erklärte mir auf Englisch und ohne Umschweife, dass mein Chopin ihm gefallen habe, dass er in dem Gebäude gewesen sei und mir zugehört habe. Später fragte ich mich, wie er mich wiedererkannt, wie er gewusst haben konnte, dass diese durchgefrorene und schlotternde Frau, die vor Kälte mit den Füßen auf den schwarzen Asphalt dieser eiskalten Hauptverkehrsstraße stampfte, dieselbe war, die eine Stunde zuvor Klavier gespielt hatte.

Erst im Nachhinein wurde ich mir der Surrealität dieses Augenblicks bewusst – ich und dieser unmöglich angezogene Mann, wir plauderten über Musik. Denn wie Dennis liebte er die Musik, verglich diese Aufnahme mit jener, und wie Dennis hörte er gern Jazz, und innerhalb des Jazz den Blues, kraftvoll und ernst, fröhlich mit einem Schuss Melancholie, Ausdruck der unwandelbaren Langsamkeit des Mississippi, die Musik der Schwarzen von New Orleans.

Noch immer kein Taxi. Mit der gleichen Spontaneität schlug er mir vor, eines am Taxistand, der ein paar hundert Meter entfernt war, zu suchen und mich dorthin zu begleiten. Ich nahm sein Angebot ohne Furcht an, und selbst wenn ich die Wahl gehabt hätte – diejenige, in das Gebäude zurückzukehren und zu telefonieren –, hätte ich ja gesagt. Wir machten uns auf den Weg, und der Unbekannte ging schweigend neben mir her, mit langen geschmeidigen Schritten, so wie Dennis, Alawa und ich nachts in den Wäldern von Tallehassee spazieren gegangen waren.

Das alles war so selbstverständlich, dass ich mich ohne zu zögern ins Taxi setzte, als wir den Taxistand erreicht hatten, ohne mir auch nur einen Augenblick Gedanken darüber zu machen, was er jetzt allein im nächtlichen Regen Berlins machen würde. Er beugte sich herunter und reichte mir durch das offene Wagenfenster die Hand. Sein Händedruck war fest und kurz. Anstatt mir seinen Namen zu sagen, sagte er nur: »Kommen Sie morgen? Dann kommen Sie nach Einbruch der Nacht. Die Nacht ist meine Zeit.«

Und das Taxi fuhr los.

Ich sah ihn nicht wieder, obwohl ich drei Tage in Berlin geblieben war. Und niemand konnte mir sagen, wer dieser Unbekannte war, ein Stadtstreicher, der in dem Gebäude nächtigte, ein Umherirrender, ein Gespenst oder ein Spion. Niemand war ihm jemals begegnet, und außerdem – da war der Hausmeister kategorisch – war es unmöglich, dass jemand in das Steinway-Gebäude eindringen oder die Nacht dort verbringen konnte; und auch von außen hätte man mich nicht hören können – der Raum im Keller war vollkommen schalldicht.

Wenn ich den Unbekannten beschrieb, erkannte ich in den Augen meiner Gesprächspartner die gleiche Ratlosigkeit; und sie wurde noch größer, wenn ich in meiner

Beschreibung den Hut, die Pluderhose und die Schuhe erwähnte.

Ich hörte auf, Fragen zu stellen.

Nach einem einfachen Mittagessen in einem kleinen Restaurant stieg ich wieder in meinen Wagen und fuhr zur Eremitaggio dei Carceri, wo die Franziskaner leben. Ich hielt mich nicht lange an dem Ort auf, wo es von Touristen nur so wimmelte, sondern beschränkte mich darauf, voller Bewunderung die tausendjährige moosbedeckte Eiche zu betrachten, die so alt war, dass sie wie aus Stein wirkte, steinartiger noch als der Fels der Höhle, in die sie ihre Wurzeln tauchte. Dort, so wurde behauptet, habe Franziskus gebetet und meditiert, und die Vögel seien unter dem Eindruck seiner Gebete losgeflogen, um der Welt die frohe Botschaft zu verkünden. Danach ging ich in der Umgebung des Klosters spazieren, in den Geräuschen der Natur: hier ein Bach, dort die unsichtbare und rasche Flucht eines Kaninchens oder eines Wiesels, das laute Summen der Fliegen im Unterholz und der sanfte und doch kraftvolle Wind in den Pappeln.

Ich hatte diesen Spaziergang nötig, um mich von dieser Traurigkeit zu befreien und die Freude beim Aufwachen zurückzugewinnen. Wenn ich zu Hause, in South Salem, in dieser Stimmung war, ging ich zu den Wölfen. Ihre Gesellschaft brachte mich unfehlbar zum Wesentlichen zurück. Wenn ich meine Hände in ihr dichtes Fell tauchte, wenn ich sie an meinen Ohren knabbern ließ, wenn ich mit ihnen lief, dann weckten all diese Gesten die freie und fröhliche Frau in mir, die wilde Urfrau, die auf mir ritt, die sich nackt im Schnee wälzte, in die Tiefe der Seen hinabtauchte und deren Holzschuhe den Humus undurchdringlicher Wälder aufwühlten. Hier, auf der anderen Seite des Ozeans, konnte nur ein langer Spaziergang mir diesen Trost geben. Ich bin schon immer gern gelaufen, schnellen, stetigen Schrittes, bis ich spüre, dass meine Muskeln von der Anstrengung zu schmerzen beginnen und dann taub werden. So wie das Yoga, der Atem, der Rhythmus, die Harmonie der Bewegung alle meine Spannungen lösen, meine Schwermut vertreiben.

Schließlich machte ich mich ohne jede Eile auf den Rückweg zu meinem Kloster. Es wurde Zeit aufzubrechen. Ich hatte mir vorgenommen, nach Venedig und an den Comer See zu fahren, aber ich hatte weder einen Blick auf die Karte geworfen noch entschieden, in welcher Reihenfolge ich diese Orte besuchen wollte. In beiden Fällen hatte ich jedenfalls eine lange Fahrt vor mir.

Als ich wieder beim Kloster war, begann in dem Augenblick, als ich an der Kette der Türglocke ziehen wollte, die Vesperglocke zu läuten. Ihr Klang war schlicht, leicht rau, heiser, wie diese merkwürdigen Knabenstimmen im Stimmbruch. Sie stieg in den Spätnachmittag empor, diese köstliche Stunde des Tages, in der die Natur Atem holt und sich streckt und in der die Schwalben sich dicht über den Dachziegeln und Linden verfolgen.

»Sie sind es!«, sagte die Schwester Pförtnerin, als sie mir öffnete. »Wir sind alle in der Kirche, bei der Messe.

Schwester Catarina möchte Sie sprechen. Sie hat etwas für Sie. Warten Sie doch im Garten auf sie, wenn Sie wollen.«

Und damit schloss sie die Tür wieder hinter mir und verschwand mit trippelnden Schritten in den Schatten des Korridors.

Warum eigentlich nicht? Der Garten des Klosters war sicher bezaubernd, vor allem zu dieser Tageszeit, und ich konnte sowieso nicht abfahren, ohne mich von ihr verabschiedet zu haben. Den Garten zu finden bereitete mir keine Mühe, ich konnte ihn durch die großen Fenster sehen. Als ich hinaustrat, war ich dankbar für den Vorschlag: duftende Blumen, Oliven- und Feigenbäume, Laubengänge mit Rosen und, durch Steinstufen voneinander getrennt, mit Gemüse bepflanzte Terrassen. Die tief stehende Sonne verlängerte die Schatten übermäßig, und ich unterdrückte ein leichtes Frösteln.

»Die Luft ist kühler, nicht wahr? Oder sollte man sagen, reiner?«

Ich zuckte zusammen. Vor einer Reihe Tomaten stand eine sehr junge Frau, eine Gärtnerschürze eng um die Hüften gebunden. In der linken Hand hielt sie eine Gartenschere, und mit der anderen rückte sie den großen Strohhut, der sie vor der Sonne schützte, auf ihren kurzen braunen Locken zurecht. Sie lächelte mir strahlend zu.

»Reiner... und kühler. Die Bergluft vermutlich«, erwiderte ich.

»Oder die Nähe zum Himmel.«

Sie blickte hoch und vertrieb mit dieser Bewegung den

Schatten, der ihr Gesicht verschleierte. Es war voller Sommersprossen.

»Was ich hier so liebe«, fuhr sie fort, »ist, dass die Entfernungen nicht in Kilometern, sondern in Abschnitten von Azurblau gemessen werden. Schauen Sie, da hinten im Tal: Diese große Kuppel dort ist Santa Maria degli Angeli. Dort, wo Franziskus sich auf einen Rosenstrauch geworfen und sich mit seinen Dornen zugedeckt hat. Den Rosenstock gibt es noch immer, seine Stiele sind glatt und zart wie die der Akelei und seine Blätter mit roten Sternen übersät, die das Blut des heiligen Franziskus sein sollen. Ich würde sehr gern welche davon hier im Garten pflanzen. Die Rosen hier sind stachlig wie Stachelschweine!« Sie machte eine Drehung: »Das Stück Himmel dort auf der anderen Seite ist der Raum zwischen dem Kloster und dem Olivenhain, wo die Eselsfüllen geboren werden. Ihre Vorfahren haben die Menschen bis an die Ufer des Mittelmeers getragen. Sie sind sehr sanft und haben eine ganz besondere Art zu weinen – indem sie mit dem starren Rand ihrer Wimpern blinzeln.«

Was konnte ich antworten? Musste ich überhaupt antworten? Teilte sie mir aus Höflichkeit ihre persönlichen Überlegungen mit oder erwartete sie, dass ich diskutierte?

»Sind Sie Nonne?«

Sie lachte und schüttelte den Kopf: »Nein! Und auch keine als Gärtnerin verkleidete Novizin. Ich komme, um den Schwestern bei der Gartenarbeit zu helfen, und ich kümmere mich um den Gemüsegarten. Ich liebe das. Haben Sie einen Garten?«

»Nein. Der Garten ist der Feind des Reisens. Der Wind mag ihm tausend Gräser zutragen, aber er hasst es, wenn man ihn verlässt. Und ich reise viel.«

Sie kam zu mir, zog ihren Arbeitshandschuh aus und reichte mir die Hand. »Ich heiße Béatrice.«

»Und ich Hélène.«

Wir lächelten uns erneut zu, und jeder sah dem anderen ganz offen ins Gesicht. Sie hatte ein kindliches, jungenhaft wirkendes Gesicht und einen direkten, eindringlichen Blick.

»Besichtigen Sie das Kloster?«

»Ich habe hier übernachtet. Schwester Catarina – die ich nicht kenne – wünscht, mich zu sprechen. Ich warte hier im Garten auf sie.«

Sie nickte und versenkte sich in die Betrachtung der Landschaft. Das Tal des Tibers mit seinen hohen Pappeln ergoss sich zu unseren Füßen wie eine grüne Welle, übersät mit Häusern und durchzogen von Straßen. Blaue Flächen stiegen terrassenförmig zum Himmel hinauf, und manchmal glitzerte etwas grell in der Sonne und warf einen hellen Schein zu uns herüber, hart wie Diamant. Béatrice hatte meine Neugier geweckt, aber intuitiv spürte ich, dass es besser wäre, nicht zu sprechen. In Gegenwart mancher Menschen genügt ein Schweigen, ein Hauch, damit das Geheimnis sich auf den Augenblick senkt und ihn durchdringt. Sie gehörte zu diesen Menschen.

»Ich bin letztes Jahr während einer Reise mit Freunden aus Grenoble nach Assisi gekommen. Ich beschloss, ein paar Monate hierzubleiben, um allein zu sein. Ich lese, ich studiere, und ich habe die Schwestern um die Erlaubnis gebeten, mich um ihren Garten kümmern zu dürfen.«

»Und haben Sie gefunden, was Sie sich erhofft haben?«

»Ich wollte die Unschuld der Kinder wiederfinden, die darin besteht, dass sie den Tod nicht kennen, dass sie ihm den Augenblick und seine Fülle vorziehen – die Musik der Zeit, das heißt das Schweigen.«

»Haben Sie das Leben nicht mehr geliebt?«

Kaum hatte ich diese Worte ausgesprochen, bereute ich meine Indiskretion schon, aber sie nahm es mir nicht übel. Im Gegenteil, sie lachte.

»O doch! Aber schlecht und zu sehr, auf einfältige und so übertriebene Weise, dass ich der Versuchung erlag, es im Nichts versinken zu lassen. Ich bin sicher, Sie verstehen, was ich meine. Hier, probieren Sie diese Tomate.«

Mit einer schnellen Bewegung ihres Handgelenks pflückte sie eine große rote Frucht. Sie verströmte den Duft des Sommers. Ich biss in den Liebesapfel, wie meine Mutter sie nannte, und ein warmer Saft spritzte heraus.

»Als ich Assisi entdeckte«, fuhr Béatrice fort, während ich die Tomate aß, und zog ein großes Taschentuch aus ihrer Schürze, das sie mir reichte, »war ich fasziniert von der Natur dieses Ortes, dieser von einem Atem beseelten Ruhe. Und da sagte ich mir: ›Béatrice, wenn man aus einem Ort, aus einem Leben das Paradies macht, dann ist es ganz natürlich, dass man dort zum Heiligen wird.‹ Ich will keine Heilige im allgemein üblichen Sinn werden! Aber Heilige in meinem Paradies, das ja!«

Zum zweiten Mal auf dieser Reise sprach man mir gegenüber vom Garten Eden, und das weckte in mir die Erinnerung an den Lehrer und seine glühenden Worte. Aber ich begriff in ihrem abgewandten Blick, der jetzt wieder auf die Landschaft gerichtet war, das Paradies, das Béatrice beseelte. Die Felder, die sich in Assisi und Umbrien terrassenförmig übereinanderschichteten, hatten die Zartheit der Kompositionen Leonardo da Vincis oder Fra Angelicos. Eine Abfolge so zerbrechlicher Ebenen, dass sie wie Lichtschwellen wirkten, die die Seele überschreiten muss, um ihre Epiphanie zu feiern. Wenn man in diesem Garten stand, konnte man sich in einem Bild glauben, in dem sich ein Einhorn und eine Landschaft tummeln, die das Universum in sich enthält, und wenn man noch länger reglos dasteht, in enger Verbundenheit mit den Bäumen und Blumen, so dass die Bäume und die Blumen einen für einen von ihnen halten könnten, könnte man sogar glauben, dass das Einhorn gleich auftauchen wird.

»In Assisi«, fuhr Béatrice fort, »habe ich die Existenz eines Landes entdeckt, eines anderen Landes, eines geheimnisvollen Landes. Eines Landes aus Zeichen und Harmonie, das zu enthüllen uns vergönnt ist. Hier habe ich die Gewissheit – und Pech für die anderen, wenn sie sie nicht teilen können, ich jedenfalls glaube fest daran –, dass ich mein Leben im Griff habe, so wie ich von diesen Terrassen aus diese Landschaft überschauen kann.«

Der Sinn ihrer Worte schien mir klar. Ich musste an ein Gedicht von Hölderlin denken: »Ich aber will dem Kaukasus zu! / Denn sagen hört ich / Noch heut in den Lüften: / Frei sei'n, wie Schwalben, die Dichter.« Vielleicht gehört jeder von uns einer Landschaft, einem Klima an, dessen Harmonie er sein Leben lang sucht. In Amerika hatte ich in den weiten Räumen eine Entsprechung meines innersten Wesens gefunden.

»Ich glaube, ich verstehe Sie. Ich frage mich, ob eine Landschaft, die Natur eines Stücks Land, eines Landes mir den Schlüssel des Rätsels liefern könnten, das mir gestern gestellt wurde.«

»Welches?«

»Kann man Musik erfahren?«

»Ah! Ich weiß nicht, ob man Musik erfahren kann. Ich bin keine Musikerin. Sie?«

»Pianistin.«

»Aber ich würde sagen, dass die ganze Natur sie erfährt. Die Erde hat ihren Gesang. Die Zeit übrigens auch.«

Sie zog die Nase kraus, so angestrengt dachte sie über meine Frage nach.

»Jeder Ort hat seine eigenen Geräusche, die ihn kennzeichnen. Nehmen Sie zum Beispiel eine Stadt. Ich bin sicher, dass, wenn man Ihnen die Augen verbinden und Sie irgendwo mit dem Fallschirm absetzen würde und Sie sich nur an den Geräuschen orientieren könnten, Sie sofort wüssten, dass Sie sich in einer französischen Stadt befänden. Das Läuten der Kirchenglocken, das Schreien der Kinder in der Pause, das Wasser, das morgens im Rinnstein rauscht, und manchmal noch der Ruf des Glasers, der unter Ihren Fenstern vorbeigeht. Sie würden wissen, dass sie in einer Stadt sind, aber in einer Kleinstadt, nicht in Paris oder Lyon. Dort ist es das ununterbrochene Rauschen des Verkehrs, das Dröhnen der ersten U-Bahn oder das Rattern der ersten Straßenbahn, die Sirene der Feuerwehr, der Krankenwagen oder der Polizei – häufig die Alarmanlage eines Wagens oder eines Geschäfts. Arme Sirenen! Gestern sangen sie, heute heulen sie.«

Wie selbstverständlich hatten wir uns nebeneinander auf eine der Stufen gesetzt, die zum ersten Gemüsegarten führten. Sie pflückte zwei weitere Tomaten. Gemeinsam nahmen wir uns die Zeit, sie mit Genuss zu essen.

»In der Stadt ist es zwecklos, dem Lärm entkommen zu wollen, ebenso wie dem unaufhörlichen Vergehen der Stunden. Ich hasste die Aufforderung der Sirene an jedem ersten Mittwoch des Monats: ›Es ist Mittag! Es ist Mittag!‹ Keine Entschuldigung für unser Zu-früh-Kommen, kein Alibi für unsere Verspätungen! Stellt eure Uhren! Jetzt! Hier! Sofort!«

Sie seufzte lustvoll.

»Und sehen Sie, hier, kein Lärm; man sammelt sich, und es genügt, die Stunde zu benennen, damit sie kommt. Und auch keine Menschenmenge mehr. Ich erinnere mich an den letzten Sommer, am Strand, diese wimmelnden Menschenmassen, und ich ertappte mich dabei, dass ich mich fragte, wie Gott sich in ein solches Gewimmel aufteilen konnte, und sogar, ob der Mensch nicht im Grunde das Krebsgeschwür Gottes ist: Zellen, die ihm ausgekommen sind und sich anarchisch vermehren, in dem Glauben, dass sie unsterblich sind.«

Sie lachte.

»Urteilen Sie selbst, wie dringend notwendig es für mich war, in Klausur zu gehen!«

Sie streckte sich plötzlich wie eine Katze, wie ein Kind.

»Jetzt denke ich nicht mehr so, da kann ich Sie beruhigen. Ich habe die Wehwehchen vernarben lassen, die ich meiner Hoffnung an dem Tag zugefügt hatte, an dem mein Blick auf diese Landschaft fiel. Mein ganzes Wesen wurde auf wunderbare Weise erschüttert, oder besser, ein Gedächtnis öffnete sich in mir, tiefer als das, was man Gedächtnis nennt und was häufig nichts anderes als eine Ansammlung von Erinnerungen ist. Vielleicht das Gedächtnis des Paradieses?«

Ich hatte meine Tomate aufgegessen. Die Schatten zogen sich jetzt in die Länge, und derjenige des Feigenbaums reichte den Olivenbäumen weiter unten die Hand, und diese den Pappeln in einem vornächtlichen Reigen. Ich hatte meine Abreise und die Fahrt vergessen und dachte auch nicht daran, Béatrice zu unterbrechen. Sie redete immer weiter, in einer Anwandlung vollkommenen Vertrauens.

»Eines Tages wanderte ich um den Trasimenischen See. Wunderschön, meiner Vermieterin zufolge. Ich war allein. Anfangs fand ich diese Landschaft trostlos, und dann begriff ich plötzlich: Ich betrachtete sie mit leeren Augen und verschlossenem Herzen. Ich hatte die Nymphen aus ihr verbannt und ihr Herumtollen unter den Weiden, aber sobald ich ihr Lachen im Plätschern der Quelle wieder hörte, erleuchtete für einen kurzen Augenblick wie ein goldener Pfeil die Erinnerung an Narziss, der sich über ihre Wasser beugt, die Landschaft. Sie werden mich vielleicht auslachen, aber an jenem Tag habe ich beschlossen, einen sechsten Sinn zu entwickeln, um mich mit der Welt zu versöhnen. Einen Sinn, der mir erlauben würde, die Welt so wie sie ist zu sehen, zu hören und zu atmen; die Welt mit ihrem eigenen Gedächtnis. Die Welt und ihre geheimen Korrespondenzen. Sehen Sie, in ein paar Stunden wird die Sonne untergehen, und der Horizont wird sich kurz vor seinem Verschwinden violett färben – die Farbe der Trauer. Und das wird die Stunde des Spiels der Zeichen sein, was sie verbergen und was sie enthüllen. Ich langweile Sie doch nicht? Nein, ich bin sicher, dass ich Sie nicht langweile.«

Sie legte einen Augenblick ihre Hand auf meine, lächelte mir zu und fuhr fort: »Man muss dafür sorgen, dass das Gewebe seiner Seele leicht entflammbar ist. Ich bin in diesen Garten gekommen, um die gesenkten Lider zu vergessen, die man mich als kleines Mädchen gelehrt hat, mich und meine Schwestern, so wie man uns beigebracht hat, den Blick von den zu melancholischen Himmeln, den zu schönen Männern, den zu starken alkoholischen Getränken abzuwenden und jedes Bild, das aufreizend sein könnte, mit einem Feigenblatt zu versehen. Nichts Wunderbares mehr, nur leere Stunden, die man in aller Eile mit Langeweile oder Abscheulichkeiten füllt. Der Abend lehrt mich die Farbe der Trauer und der Kosmos die Kraft der Liebe. Können Sie sich vorstellen, was für ein Beispiel der Stern uns gibt? Tot strahlt er noch Millionen Jahre, sein Licht breitet sich weiterhin unendlich weit aus. Das haben mein Spaziergang um den Trasimener See und mein sechster Sinn mich gelehrt: Wenn die Menschen nicht mehr an das Leben und nicht mehr an sich selbst und an ihr Schicksal glauben, warum sollte die Welt an sie glauben? Sie haben sie abgetötet! Sie haben die Engel, die Gespenster und alle Zeichen des Schicksals, die Gott oder zu Scherzen aufgelegte Kobolde ihnen zuspielen, in das Fach der Karnevalsverkleidungen geräumt. Die Menschen haben keinen Geist mehr, warum sollte die Natur ihnen also ihre enthüllen?«

»Ihnen was enthüllen?«

»Ihre Geister! Gespenster, Nymphen, Heilige, Elfen, Seraphen, fröhliche Geister – sie erscheinen heute gerade mal noch in ihrer schwächsten, schwermütigsten Form: als Erinnerung, als Reminiszenz. Kein Geist mehr bei den Menschen, keine Geister mehr in der Natur! Sie verstehen also, dass die Seen austrocknen, die Gletscher schmelzen, die Wälder sterben: Ihre natürlichen Gärtner kümmern sich nicht mehr um sie, keine Undinen mehr im Wasser, keine Satyrn in den Quellen, keine pausbäckigen Putten in den Wolken, keine Geister, die die Seidenvorhänge an den Fenstern und den Schleier der Bräute bewegen. Keine Hoffnung auf Wunder lässt die Wiesen ergrünen, weil die Menschen nicht mehr wie die Bäume und Blumen im Einklang mit dem Frühling sind. Der heilige Franziskus sprach zu den Vögeln, weil er an sie glaubte, und daher haben die Vögel an ihn geglaubt und ihm zugehört, selbst der Wolf von Gubbio hat ihm schließlich die Pfote gegeben. Das ist die große Lektion des Kleinen Armen. Wir finden sie in den Rosensträuchern und in der Kehle der Amsel. Dante hat ihn übrigens mit Johannes dem Täufer verglichen: Beide haben andere Tauforte geschaffen, der eine den Jordan, der andere den Weißdornbusch. Die Wahrheit kommt immer von den Dichtern.«

Béatrice holte Atem.

»Da Sie doch Musikerin sind, möchte ich noch etwas ansprechen, das mir durch den Kopf geht. Warum werden keine Musikinstrumente mehr erfunden? Ich habe mir schon immer Gedanken über das gemacht, was man nicht mehr hört und was doch die Erfindung der Harfe – der Klang in seinem Geheimnis –, des Cembalos – die verstreichende Zeit in den Kanälen Venedigs –, der Flöte – der fröhliche Ruf des Hirten – angestoßen hat, und anschließend die Tiefe des Klaviers – das Gefühl, die Empfindung, das Geheimnis von innen heraus, von der Seele her begriffen. Und die Geige? Und das Saxophon? Unter seinen kupfernen Klappen der heisere Atem, aufgeraut vom Weinen und von der Klage. Und was erfindet man jetzt Neues?«

Sie nickte langsam. Ihre Worte hatten sie auf den Weg meiner eigenen Fragen geführt. Aber ich schwieg. Dieser Augenblick gehörte Béatrice.

»Ihr Rätsel«, fuhr sie fort, »ist, herauszufinden, ob man die Musik erfahren kann?«

»Mein Rätsel beruht auf einer Anregung: ›Wie wäre es, wenn Sie, anstatt die Musik zu spielen, sie erfahren würden?‹ Wie verstehen Sie als Nichtmusikerin diese Frage?«, fragte ich sie meinerseits.

»Vielleicht, indem ich mir eine andere Frage stelle. Indem ich mich frage, welche ungeheure Musik ich in der Natur gehört haben könnte, die mich so sehr ergriffen hat, dass sie mein ganzes Wesen erschüttert hat und mich seither mit ihrer Melancholie verfolgt. Welcher Klang, welcher Schrei, welche Klage, welches Rauschen sind für mich zu Musik geworden? Innerste, essenzielle Musik?«

»Existiert so etwas für Sie?«

»O ja! Der Gesang der Amsel und, im Nebel auf dem Meer das Horn eines Passagierschiffs. Wenn ich höre, dass ein Schiff den Hafen verlässt und seinen Abschiedsruf ausstößt, krampft sich mein Herz zusammen, und dann weiß ich, wie die Sirenen sangen. Ich weiß auch, dass eine von ihnen an Bord des Schiffs von Odysseus gekommen ist, und seither an Bord aller Schiffe – sie hört man, wenn sie aufs offene Meer hinausfahren. Sie wissen ja: ›Mein schönes Schiff, o mein Gedächtnis.‹«

Für einen Augenblick brachten ihre Worte das Meer in das Grün der Landschaft – eine sanfte Flut, ein Schaum, den ein Schweigen wie eine Welle mit sich nahm.

»Und Sie, besitzen Sie diese Musik?«, fragte sie mich leise, als wollte sie mich zu einem furchtbaren Geständnis ermuntern.

Ja, natürlich, und mit der Offensichtlichkeit meiner Antwort kehrte meine ganze Lebenskraft zurück.

»Wenn die Wölfe nachts den Mond anheulen. Und auch in den Wellen des Meers der Gesang der Wale. Vor allem aber, vor allem und für immer der ungeheure Ruf des Wolfs.«

# 4

Eine halbe Stunde später saß ich in Schwester Catarinas Büro.

Ihr Auftauchen im Garten hatte Béatrice daran erinnert, dass es Zeit war, nach Hause zu gehen, nach Assisi, wo sie ein Zimmer gemietet hatte, und zwar, wie sie mir schnell noch erzählte, bei einer bezaubernden Frau mittleren Alters, einer Art italienischer Mamma, redselig und voller guter Absichten, die man einfach nur ein wenig auf Abstand halten müsse, hatte Béatrice mir noch anvertraut, sonst stecke sie einen in den Käfig ihres Gequassels, wie einen Papagei, und erwarte, dass man ihr schlagfertige Antworten gebe, das Wetter vorhersage, ein Kompliment mache, ein Rezept gebe. Das sei ganz schön anstrengend, der Tag vergehe, und Béatrice, die mir auch erzählt hatte, dass sie Schriftstellerin sei – zumindest versuche zu schreiben – und niemals glücklicher gewesen sei, als wenn sie allein im Garten das Erblühen all dessen beobachte, was sie gesät habe, könne in der Flut der italienischen Worte ihrer Vermieterin nicht mehr arbeiten.

Damit war Béatrice hinten im Garten verschwunden, wo es einen Ausgang gab, den nur sie kannte, ein kleines Türchen in der Mauer, für das sie den Schlüssel hatte.

Und während sie davongelaufen war, hatte sie mir mit der Hand ein kleines Zeichen gemacht, mit dem sie mir ihre letzten Worte zuwarf: »Erfreut, Sie kennen gelernt zu haben!«

Jetzt saß ich in Schwester Catarinas Büro, und wie so häufig, wenn ich müde war, war ich leicht abwesend. Ich war da und zugleich in der Abendlandschaft, in dem zarten Nebelschleier, der sich auf das Tal des Tibers legte, und es war nicht so genau zu erkennen, ob er sich, vom Glitzern des Wassers hochgewirbelt, zum Himmel erhob oder ob er langsam vom Abendstern herabfiel wie ein dünner Baumwollschleier auf ein Tablett mit Süßigkeiten. Ich war auch der Geist draußen und spukte im Obstgarten herum, dessen Feigenbäume ein mattes Licht ausstrahlten, als wollten diese Bäume sich der Dunkelheit widersetzen, und zugleich war ich in den letzten Worten meiner Gesprächspartnerin, in der Erinnerung an das Heulen meiner Wölfe, das hier so merkwürdig nachhallte und das Béatrice in meinem Gedächtnis wieder zum Leben erweckt hatte.

Ich habe schon immer, wenn ich erschöpft bin, Mühe gehabt, mich zu fangen, mich wieder zusammenzusetzen und zur Einheit zu finden. In der Regel war es die Musik, die mich so zerstückelte, und das umso mehr, wenn die Symbiose sich vollzog; ich verschmolz dann mit dem Klavier, und wir, das Klavier und ich, wurden zu einem Fabeltier, zu einer neuen Art von Bogenschützen, zu einem heilbringenden und unsterblichen Skorpion, und vielleicht hätte ich das Béatrice antworten sollen, als sie bedauerte, dass keine neuen Musikinstrumente mehr erfunden würden. Ich hätte ihr von dem wunderbaren Bestiarium erzählen sollen, das ein Orchester bildet – der große Vogel des Dirigenten und all diese den Geigen, den Klarinetten transplantierten Körper, die Flötenmünder, die Cellofinger. Ich habe oft geträumt, dass ich wie die Teile eines Puzzles verstreut werde und mich langsam wieder zusammensetze oder dass mein Körper in Tausende von Sandkörnern zerfällt. Nach den Konzerten habe ich für ein paar Sekunden die körperliche Empfindung, dass ich aus diesen Tausenden von Körnchen, die während der Musik umhergeflogen sind, um jeden einzelnen Zuhörer zu bestäuben, in mich zurückkehre. Ich setze mich wieder zusammen und treibe dann in einer melancholischen Stimmung, einer einzigartigen Flut, mächtiger als der Pazifische Ozean, die mich mit sich reißen würde, wenn das Publikum mich nicht zu sich rufen würde.

»Sie werden heute Abend nicht mehr losfahren«, wiederholte Schwester Catarina.

Ich zuckte zusammen.

»Ich weiß nicht, wohin sie fahren«, fuhr sie sanft fort, »aber Sie machen einen erschöpften Eindruck auf mich. Sie können noch eine Nacht hierbleiben. Ihre Zelle steht für durchreisende Gäste bereit.«

»Ich hatte vor, nach Venedig zu fahren, oder nach Como. Ich muss auf die Karte schauen, um zu sehen, welche Reihenfolge logischer ist.«

»Aber das sind mehrere Stunden Fahrt! In beiden Fällen! Ich bin strikt dagegen, dass Sie heute noch losfahren.

Ich würde mich verantwortlich fühlen, wenn Ihnen etwas zustoßen würde.«

Ich akzeptierte ohne weitere Umstände. Ich konnte meine Augen in der Tat kaum noch offen halten. Ich wollte ihr gerade danken, als sie mich mit einer Handbewegung unterbrach, eine Schublade öffnete und mir den Inhalt reichte.

»Jemand hat dieses Paket heute in aller Frühe für Sie abgegeben. Sie schliefen noch.«

Verblüfft drehte ich den in Packpapier eingewickelten Gegenstand hin und her.

»Wer war es?«

»Die Schwester Pförtnerin hat mir nichts gesagt.«

»Und Sie sind sicher, dass es für mich ist? Niemand weiß, dass ich hier bin, ich selbst hatte keine Ahnung, dass ich in Ihrem Kloster übernachten würde.«

»Ich bin sicher. Diese Person hat in den Hotels der Stadt nach Ihnen gesucht, und im dritten Hotel hat man ihr gesagt, dass sie da gewesen seien und dass man Ihnen die Adresse des Klosters gegeben habe.«

Sie zuckte leicht die Achseln, lächelte mir zu und ging zur Tür, um mich zu verabschieden. Noch immer völlig verblüfft, fand ich mich ein paar Minuten später in meinem Zimmer wieder.

Ich setzte mich aufs Bett und öffnete das Paket. Zum Vorschein kamen ein kleines Holzkästchen, ein winziger Schlüssel, dessen Ring wie die Flügel eines Schmetterlings aussah, und ein verschlossener Briefumschlag.

Ihn öffnete ich zuerst.

Mademoiselle,

Sie hatten mir gestern gesagt, dass Sie Musikerin sind, und ich beende gerade – Zufall? – Rilkes *Briefwechsel mit Benvenuta*. Die Pianistin Magda von Hattingberg, seine Briefpartnerin, antwortet dem Dichter mit diesen Worten: »Weil vielleicht meist Menschen um Sie waren [...], die einen Dank erwarten für ihr Verstehen [...] oder ein Wort für ein Schweigen; die das alles *beanspruchten*, statt da zu sein, einfach da, wie die Sonne oder ein blühender Baum; wie eine Landschaft, die die Menschen groß werden lässt, ohne sie zu fragen, ›was gebt ihr mir dafür?‹ Vielleicht haben Sie nie einen gekannt, der reich wurde in der Seeligkeit des ›Da-Seins‹ und darin fand, was seiner Erfüllung nottat, weil er selbst Verheißung und Erfüllung des eigenen Daseins war.« Ich weiß nicht, warum diese Passage mich so sehr an Sie und an die Unterhaltung erinnert hat, die ich zu meiner großen Freude mit Ihnen führen durfte. Sie sagten mir, dass Sie noch immer *Erwartungen hätten*. Sie sagten mir, dass Sie hofften, die Musik und die Werke, welche die Musik bis jetzt hervorgebracht hat, besser zu spielen. Nachdem wir uns getrennt hatten, sind mir hierzu ein paar Gedanken durch den Kopf gegangen, die an unsere Plauderei über das Verhältnis zwischen Lehrer und Schüler anknüpfen.

Der erste dieser Gedanken ist eine Feststellung. Wenn man arbeitet, befindet man sich zwangsläufig in vollkommener Einsamkeit. Damit meine ich, dass man, wenn man schöpferisch tätig ist, allein sein muss; es ist in diesem Augenblick unmöglich, einer Schule anzugehören;

ebenso ist es aber auch unmöglich, Schule machen zu wollen, es sei denn, diese Schule wird ständig geschwänzt. Die Schwierigkeit besteht darin, dass man genau dazwischen bleibt, an diesem Punkt vollkommenen Gleichgewichts, der einen dazu führt, dass man vereinfacht, stets vereinfacht, um sich auf das Wesentliche zu konzentrieren. Als Musikerin haben Sie sich zum blinden Passagier der Musik gemacht. Und für Sie als ausgezeichnete Interpretin ist die Musik Ihre blinde Passagierin. Sie befinden sich fortwährend in der Mitte. Und in der Mitte sein bedeutet, dass man Vermittler ist. Von wem? Von was? Ich fürchte, es reicht nicht, Vermittler allein der Musik, der ausschließlich von den Werken geschenkten Musik zu sein.

Wir haben auch über die Freiheit gesprochen. Ich habe nach unserem Gespräch an eine Definition der Freiheit gedacht, die gut zu Ihnen passt oder, besser, die mir ganz besonders geeignet scheint, Ihren Erwartungen zu entsprechen: »Frei sein bedeutet, seinen Körper in eine Kraft zu verwandeln, die mehr als sein Organismus ist, und sein Denken in eine Kraft zu verwandeln, die mehr als das Bewusstsein ist.« Nennen wir das Denken Seele und ziehen wir den Schluss: Die Seele muss mit dem Körper leben und der Körper mit der Seele; mit anderen Worten, die Seele muss das Leben leben, ihr Leben, hier und jetzt, so wie der Körper die Seele leben muss, seine Seele, hier und jetzt.

Ich war so anmaßend, ihnen vorzuschlagen, die Musik zu erfahren. Vielleicht werden diese kleinen Präzisierungen, die mir am Herzen lagen, Ihnen ein wenig verdeutlichen, was ich damit sagen wollte, über die Tatsache hinaus, dass die Musik erfahren natürlich zuallererst bedeutet, Mademoiselle, dass Sie das fortgesetzte Leben der Musik werden.

Ein Letztes noch: Ich habe diesem Brief einen kleinen Gegenstand beigefügt, der mir immer sehr viel bedeutet hat. Ich würde ungern von dieser Erde verschwinden, ohne ihn ausdrücklich jemandem übergeben zu haben, der mir seiner würdig erscheint. Nicht, dass es keine würdigen Personen um mich herum gäbe, aber es gibt niemanden, der dieses Gegenstands besonders würdig wäre. Jemanden, bei dem er sein an Erinnerungen so reiches Leben weiterführen könnte. Heute gehört er Ihnen. Und das wird so bleiben, es sei denn, Sie kämen in den nächsten Jahren eines Tages nach Deutschland und könnten einen meiner jungen Freunde besuchen. Dann werden Sie entscheiden, ob sie ihm diesen Gegenstand aushändigen sollen, je nachdem, ob er stumm für Sie geblieben ist oder ob sie diesen Freund seinerseits für würdig erachten.

Natürlich wird dieser Besuch nur stattfinden, wenn der Zufall, und nur der Zufall, sie in diese Gegend führt. Ich füge seine Adresse diesem Brief bei.

Ich danke Ihnen nochmals für den Gefallen, den Sie mir getan haben, und für die Freude, die diese Reise in Ihrer Gesellschaft für mich war. Ich wünsche Ihnen selbstverständlich alles erdenklich Gute.

Der Lehrer! Er hatte sich die Mühe gemacht, mir diesen Brief zu schreiben. Ich war ganz gerührt. Ich faltete den Brief sorgfältig zusammen und beugte mich endlich über den geheimnisvollen Gegenstand.

Geheimnisvoll? An einer Seite des quadratischen Kästchens aus hellem Holz befand sich ein kleiner Riegel. Ich steckte den Schlüssel hinein, drehte ihn mehrmals um und stellte das Kästchen, das ohne jeden Zweifel eine Spieldose war, auf das Bett zurück.

Ich hörte ein Knirschen, und dann hob sich plötzlich der dünne Deckel, hochgeschoben von einer kleinen Gestalt auf einem Sockel, die Apollo darstellte. Er hielt eine Lyra. Und er begann, sich langsam zu drehen, nach den kristallklaren Tönen einer alten Melodie, die ich nicht kannte.

Ich war entzückt und sehr berührt von dem Geschenk. Alles war so winzig und raffiniert. Und während die Musik ertönte, schienen Gespenster aus dem Gegenstand zu kommen, gehüllt in Melancholie, und ich dachte bei mir, wie merkwürdig es doch war, dass die Musik dieser Spieldosen, die aus so vielen Automaten tönte, dass diese so archaische Musik so viele Geheimnisse ausdrückte. Ich wartete, bis der Mechanismus sich abgespult hatte. Als Apollo stehen blieb, schloss ich das Kästchen nachdenklich.

Was für eine Botschaft wollte der Lehrer mir damit zukommen lassen? Und mit wem sollte der Zufall mich zusammenführen?

Venedig oder Como? Ich saß erneut im Garten, frühmorgens, eine Karte auf meinen Knien ausgebreitet. Wenn ich nach Deutschland wollte, war es das Klügste, zuerst nach Venedig zu fahren. Obwohl ich bereits mehrmals um die Welt gereist war, war ich noch nie in der Stadt von San Marco gewesen, und erneut machte der Gedanke mich glücklich, dass ich meine Ziele ohne Zwang wählen konnte, ohne mich dafür rechtfertigen zu müssen; ein fröhlicher elektrischer Schlag beschleunigte meinem Herzschlag. Venedig! Venedig in greifbarer Nähe wie eine reife Frucht. Venedig, in dessen Mysterium ich heimlich eindringen würde, und endlich würde sich alles, was ich darüber gehört hatte, alle Postkarten, die ich bekommen hatte, alle Musik, die ich gehört hatte, vor mir ausbreiten. O ja! Venedig, heute, sofort!

»Sie sind letztlich also doch geblieben?«

Béatrice, heute ohne Hut, kniff in der grellen Sonne die Augen zu. Mein Schatten, in die Länge gezogen zu dieser morgendlichen Stunde, liebkoste ihre Füße.

»Nur für die Nacht. Ich fahre heute Morgen. Ich freue mich, Sie vor meiner Abfahrt noch einmal zu sehen. Kommen Sie jeden Tag her?«

»Im Augenblick ja. Im Winter bin ich zu Hause geblieben, da gibt es wenig zu tun in einem Garten. Nicht wie jetzt! Ich komme ganz früh morgens und dann in der Kühle des Abends.«

Wie am Abend zuvor setzte sie sich neben mich.

»Wohin fahren Sie?«

»Zunächst nach Venedig, und anschließend wahrscheinlich nach Como...« Ich brach in Gelächter aus und schleuderte die Karte in die Luft. »Und dann werde ich weitersehen! Geliebte Freiheit! Ich habe drei Wochen vor mir, und Europa als Abenteuerspielplatz.«

»Sie kommen nicht mehr nach Assisi zurück?«, fragte sie.

»Nicht auf dieser Reise.«

»Schade, ich hätte Sie gern wiedergesehen und mich mit Ihnen darüber unterhalten, was Sie machen, über Ihre Musik, über Ihr Leben...« Sie sprach nicht weiter, als zögere sie, ihre Gedanken zu offenbaren, und fuhr dann rasch fort: »Ich bin nach Assisi gekommen, um die Zeit mit vollen Händen zu greifen, aus meinen Händen eine Schale zu machen und sie daran zu hindern, so absurd schnell zu vergehen. Ich bin sicher, Sie verstehen, was ich meine.«

»Ja. Dank der Musik, die man nur im Augenblick fassen kann. Die Erfahrung, die sie anbietet, besteht ja gerade darin, dass man im Augenblick die Grenzenlosigkeit, die Fülle, das unendliche Auftauchen unerhörter Reichtümer packen kann. Die Philosophen nennen die phantastische Welt, die sie den Menschen bietet, die Welt der Möglichkeiten, eine Welt, in der in jedem Augenblick alles denkbar ist...«

»Sagen wir, um sie zu erreichen, habe ich beschlossen, aus meinen Leben alles zu verbannen, was oberflächlich, überflüssig, leblos, bereits tot ist: alles, was nicht zum Augenblick, das heißt zum Wesentlichen gehört.«

»Ich verstehe vollkommen. Sie wollen mir sagen, dass

es Menschen gibt, die sich in den Augenblick einfügen, die ihn konstituieren, ihm seine Fülle geben, sein Gewicht, seine Mattheit, und andere, die auf seine Kosten leben.«

»Ganz recht«, bestätigte Béatrice.

»Wir gehen beide den gleichen Weg. Auch ich freue mich sehr, dass ich Sie kennen gelernt habe.« Ich lächelte ihr aus tiefster Seele zu, bevor ich fortfuhr: »Es ist mir wirklich eine Freude, mir alles wieder zu vergegenwärtigen, was Sie mir gestern über die Musik und die Landschaften, über das, was hinter dem äußeren Schein steckt, gesagt haben. Ohne es zu wissen, aber gewiss haben Sie es gespürt, haben Sie mich in der Beantwortung der Fragen, die ich mir stelle und die mich zu dieser Reise veranlasst haben, ein gutes Stück weitergebracht.«

»Und ich habe Sie gar nicht zu Wort kommen lassen!«

»Wir glauben beide an den Augenblick, an den Moment, an seine Gnade, wir wissen also beide, dass es in der Natur dieser Begegnung lag, dass Sie das Wort ergriffen.«

Sie erwiderte mein Lächeln. Ihres war ernst.

»Tauschen wir unsere Adressen aus? Unsere Telefonnummern? Sie reisen ab, und das ist der Augenblick, uns zu fragen, ob wir uns wiedersehen werden oder nicht.«

»Wir kennen die Antwort: Wenn wir uns wiedersehen sollen, wird das Schicksal darüber bestimmen. Die Hauptsache ist doch, dass wir uns begegnet sind und dass diese Begegnung den Augenblick geschaffen hat, diesen genau umrissenen Zeitabschnitt, von dem Sie vorhin gesprochen haben.«

Ich spürte, dass sie traurig war, dass meine Antwort sie etwas verwirrte. Mit einem Mal wurde mir bewusst, dass es sich mit meinem Publikum ganz ähnlich verhielt. Wie sollte ich es Béatrice verständlich machen? Während meiner Konzerte erkannte ich Gesichter, nahm flüchtig das eine oder andere Lächeln, erhobene Hände wahr, und jedem dieser Unbekannten, die mir so vertraut und notwendig geworden waren, gab ich alles, was die Musik zu schenken mir erlaubte. Wir waren in diesen Augenblicken auf phantastische, unerbittliche Weise zusammen. In den Minuten, in denen ich jedem Einzelnen von ihnen gegenübertrat, ich auf der Bühne, sie im Saal, bildeten wir eine Seelengemeinschaft – die gleiche Liebe durchströmte uns. Einer späteren Begegnung, außerhalb der Musik, würde nichts jemals diese Wahrheit einhauchen können. Es wäre falsch zu glauben, dass die Regung des Augenblicks an andere Orte, in andere Zeiten hinübergerettet werden könnte. Obwohl die Versuchung groß ist, diese Regel zu übertreten, wie in dieser Minute mit Béatrice, muss man ihr widerstehen, auch auf die Gefahr hin, grausam enttäuscht zu werden oder zu enttäuschen.

»Glauben Sie, Béatrice, so wie ich, dass der Zufall nicht existiert?«

Sie zögerte.

»Ich habe darüber noch nicht nachgedacht, aber ich würde mich freuen, Ihre Meinung dazu zu hören.«

»Eine Begegnung«, begann ich, »ist zwangsläufig ein siegreicher Würfelwurf. Er triumphiert über so viele Unsicherheiten, dass er sich als der Beweis eines Schicksals behauptet, statt dieser tastenden Suche, dieser Maulwurfsübung, diesem blinden Tasten nach einer Gewinnkombination, an die man uns immer glauben lassen möchte. Der verblüffte Ausruf: ›Was für ein Zufall!‹ ist der Beweis, dass der Zufall nicht existiert. Der Zufall enthüllt, was die Gewohnheit und unsere krankhafte Ungläubigkeit uns verbergen.«

»Die geheimen Verbindungen zwischen den Menschen und der Welt?«

»Genau! Sie sehen, wir verstehen uns.«

»Was Sie sagen, erinnert mich an die Iris.«

Ich runzelte leicht die Stirn; sie bemerkte, dass ich ihr nicht mehr zu folgen vermochte.

»Wenn Sie Gärtnerin wären, Hélène, würden Sie mich sofort verstehen. Es gibt keine bewegendere Pflanze als die Iris. Sie bewundern sie am Ufer eines Weihers, einmalig, unvergleichlich, aber wenn Sie versuchen, sie zu pflücken, entdecken Sie, dass sie nicht aus einer Wurzel entstanden ist, sondern aus einem Rhizom, einer Art Nabelschnur, die unter der Erde verläuft, losstürmt, um den Boden zu erobern, und dann plötzlich beschließt, wieder an die Oberfläche zu kommen und in einer neuen Blume zu erblühen.«

»Und so verdankt die Existenz der Iris, allem Anschein zum Trotz, nichts dem Zufall…«

»…sondern alles dieser unterirdischen, unsichtbaren Ader, die diese Blume mit einer anderen Iris verbindet, die manchmal Hunderte von Metern entfernt ist. Zwischen diesen Pflanzen und auch zwischen vielen wilden

Gräsern existiert ein Netz unzähliger Arterien und Rhizome, durch das der Lebenssaft, die Lebenskraft, zirkuliert.«

»Ich werde dieses Bild sorgfältig im Kopf behalten, Béatrice. Und ich werde die Iris fortan mit anderen Augen ansehen«, fügte ich lachend hinzu.

»Das gilt auch für die Sterne! Wussten Sie, dass zu dem Zeitpunkt, da die Franzosen Québec gründeten, eine winzige Stadt am Ufer eines gewaltigen Flusses, der seine Eisberge mit sich führte und im Osten vom festen Druck eines unermesslichen Waldes aufgehalten wurde, ein Mathematiker allein aufgrund von Berechnungen die Existenz eines Sterns ermittelte, eines Gestirns, das für unsere Augen unsichtbar ist? Er hatte begriffen, dass ohne diesen Stern kein Mond und kein anderer Planet seinen Gleichgewichtspunkt finden könnte. Sie würden alle in ein gewaltiges Chaos stürzen, und alle Galaxien mit ihnen.«

»Ihr Vergleich ist schön und berechtigt«, erwiderte ich. »Der Zufall ist in der Tat das zum Vorschein gekommene Rhizom, der Stern, der dem Kosmos seine Gestimmtheit gibt. Er ist eine Lebenskraft, die sich mit unvergleichlicher Stärke und Beharrlichkeit behauptet. Er ist das, was die wahren Zusammenhänge enthüllt, das, was manche Schicksal oder Gott oder göttliche Vorsehung nennen.«

Nachdenklich schwiegen wir.

Ich betrachtete lange die herrliche Aussicht zu unseren Füßen – eine dieser Landschaften, in denen alles plötzlich da ist. Die Worte des Briefes, die der Lehrer mir geschrieben hatte, gingen mir im Kopf herum. »Wenn man arbeitet, befindet man sich zwangsläufig in vollkommener Einsamkeit.«

Seit ich mich der Musik hingegeben hatte, begegnete ich sehr viel mehr Menschen, als ich kennen lernte. Da waren die Stunden im Flugzeug, die Stunden im Taxi und auch die notwendigen und wesentlichen Stunden, in denen ich mich wieder ans Klavier setzen musste, um mit den Werken allein zu sein, die ich mir gerade erarbeitete. Allerdings war ich in dieser Einsamkeit selten wirklich allein. Sie war bevölkert von all diesen kostbaren Begegnungen mit der Musik oder ihren Schöpfern, mochten sie auch vor zwei oder drei Jahrhunderten geboren worden sein, aber auch mit Gegenden, Blicken, anderen Seelen, mit denen ich das Wunder privilegierter Augenblicke teilte. Selbst ihre ferne Präsenz nährte mich, so wie ein Fluss von tausend Nebenflüssen bewässert wird. Wenn ich an sie denke, an jene, die ich liebe, findet eine Art Symbiose statt, ganz so, als würde ich der Blick, die Landschaft, die Musik, ja das Schlagen des Herzens und der Gedanken jener, die mir teuer sind. Wie groß die Entfernung, die uns trennt, auch sein mag, es gibt Menschen, die einen niemals verlassen haben und die man niemals verlässt. Unsere Seelen sind wie Zwillinge und bewegen sich immer, stets vollkommen frei.

Schließlich atmete ich tief durch und sagte: »Ich werde nach Venedig fahren, und was unsere Begegnung wichtig macht, das sind nicht Sie für mich und nicht ich für Sie, das wissen wir beide, sondern das, was zwischen uns bleiben wird, die Tiefe des Raums, den wir soeben geschaffen haben. Sie werden in dem, was Sie von nun an schreiben werden, in der Art, wie Sie Ihren Garten gestalten werden, das ausdrücken, was zwischen uns Früchte getragen hat, und ich werde es meinerseits in meinem Klavierspiel ausdrücken. Was zählt, ist die Art und Weise, wie von nun an Ihr Blick meine Landschaften erhellen wird und wie dieses Licht aufzeigen kann, was gestern noch für mich im Schatten lag. Wir werden uns also oft wiedersehen; wir werden uns unablässig wiedersehen.«

Béatrice lächelte über das ganze Gesicht, und wir erhoben uns in einer gemeinsamen Bewegung.

»Fahren Sie los, bevor es zu heiß wird«, sagte sie und blickte zum Himmel hinauf. »Die Sonne steht schon hoch. Oh! Warten Sie einen Augenblick!«

Sie lief zum Gemüsegarten und verschwand zwischen zwei Baumreihen. Ich faltete währenddessen die Karte zusammen und entfernte den Staub von meiner Jeans.

»Hier! Ein paar Tomaten, ein paar Feigen und ein paar Johannisbeeren für unterwegs.«

Sie reichte mir eine kleine Obstkiste aus hellem Holz.

Die Früchte glänzten saftig in der Sonne.

Zwischen die Früchte hatte Béatrice, gezacktes Parmablau, durchzogen von einem goldenen Strahl, eine wunderschöne Iris gelegt.

5

Sie lag eingerollt auf der Seite am Strand, ohne jedes Interesse für die Schiffe, die über das Meer fuhren, die Knie unters Kinn gezogen. Die Brise fuhr sanft durch ihr Haar, das sich an ihren Schläfen ringelte. Ihre Lippen versuchten, in der glühenden Sonne Worte zu bilden, und der Duft ihrer Haut beschützte sie, wie sie glaubte, vor der Welt. Seit einer guten halben Stunde beobachtete ich von meinem Liegestuhl am Strand des Lido aus dieses kleine Mädchen und konnte mich des Gefühls nicht erwehren, mich selbst in ihr wiederzusehen.

Woraus sind die kleinen Mädchen gemacht,
Aus Zucker und Gewürzen
Und allem, was gut ist.
Daraus sind die kleinen Mädchen gemacht.

Die vier Verse dieser Strophe kamen mir wieder in den Sinn, und zugleich überkam mich ein Gefühl der Zärtlichkeit. Woraus sind die kleinen Mädchen gemacht? Gibt es überhaupt Worte für ihr Geheimnis? Für ihre Blütenblättern gleichen Wangen und ihre Beine, die wie die Stiele von Klatschmohn sind? Ich sah mich wieder als kleines Mädchen, das fasziniert war vom Blut, ich betrachtete die Struktur meiner Haut, die Höcker meiner Gelenke und die Form des bräunlichen Schorfs aus so großer Nähe, dass ich schielte. Ich sah mich wieder allein über die Wege der korsischen Macchia laufen und empfand erneut die Erregung, die in mir hochstieg, wenn ich auf dem Boden hockte, meinen Geruch wahrnahm und spürte, dass mein Körper Teil des großen Körpers der Erde war.

Die kleinen Mädchen haben etwas Hexenhaftes: diese Art, Blatt und Blume zu sein, dieses Erzittern angesichts des Lebens. Man spürt, dass sie dem Geheimnis so nah sind, dass sie mit dem Tod auf Du und Du stehen; sie laden ihn zu ihren Kinderfesten, nähen ihn in den Saum ihrer Kleider ein.

Die kleinen Mädchen sind die Nerven des Todes, der ihnen schöne Augen macht. Sie sind neugierig auf ihn, nur sie allein blicken ihm ohne jede Grausamkeit ins Gesicht, ohne ihn zu ihrer persönlichen Angelegenheit zu machen, ohne ihn leugnen oder ihn sich aneignen zu wollen. Sie besitzen die wahre Unschuld: diese Fähigkeit, sich das Schlimmste anzusehen, ohne dass es sie verdirbt; den Mund leicht geöffnet, betrachten sie ungerührt die zertrampelte Biene oder die Maus, die im Maul der Katze zappelt; ohne sich zu irren, wissen sie, welcher Teil in einem jungen Körper zuckt und welchen Teil genau der Tod dahinrafft. Sie haben die Haltungen von Exvoto-Statuen und ein hübsches Lächeln, das aus dem Jenseits kommt.

Die kleinen Mädchen sind durchlässig für das Jenseits, das Draußen, den Doppelgänger, den Schatten. Ihnen geben sich die Kobolde, die Jungfrau Maria, die Geister und die Feen zu erkennen.

Ihre Anmut ist vergänglich wie Seifenblasen. Sie sind von kurzer Dauer. Wenn sie nachts mit den Geistern tuscheln, vermögen sie die Augen weit geöffnet zu halten. Kein Ort, der in das verbotene Draußen führt, bleibt ihnen verborgen – die Schlitze in den Fensterläden, der Rauchabzug im Kamin, das Klirren der Gehänge eines Kronleuchters und vor allem jeder Luftzug, die Mondstrahlen oder die Strahlen aus Staub. Sie duzen den Schatten, ihr eigener wird zu ihrer Schleppe. Die kleinen Mädchen werden häufig von Träumen heimgesucht, und der Tod bereitet sich sein Bett in ihnen; dann schlafen die kleinen Mädchen in seinen Armen. Sie sind dem Tod verbunden, wie sie den Wäldern, den Wüsten und den Verwandlungen verbunden sind.

Der unendliche Charme der kleinen Mädchen, zart und giftig, rührt daher, dass sie ihre innerste Wahrheit aus der Natur schöpfen. Ihre Augen sehen, ihre Zunge kennt den genauen Geschmack des Salzes und der Johannisbeeren, das leiseste Knacken des Hauses lässt sie erbeben. Sie erleben die Welt mit ihren Sinnen, während die kleinen Jungs sie bereits als Krieg erleben.

Dieser stillschweigende Pakt mit dem Tod ist für die kleinen Mädchen wie ein Talisman, denn instinktiv spüren sie, dass es für sie schon sehr bald vorbei sein wird mit der unvergleichlichen Gnade, nur sich selbst zu gehören;

sehr schnell, nach drei Blutstropfen bereits, wird das Leben ihre Körper kidnappen und sie als Geiseln nehmen. Dann brauchen sie eine ungeheure Kraft, um ihren Charme zu behalten und den chemischen Verschwörungen zu widerstehen, die das Leben gegen sie anzettelt: Verschwörungen der Hormone und der Mütter, Frauenbeschwerden und Mondzyklus und die ständige Bewachung durch Mütter und Schwiegermütter, die Abteilungen der schönen Kaufhäuser und die falschen Märchen. Sie werden zum Gegenstand des Getuschels alter Tanten und der Kupplerinnen, die prüfend ihre Brüste betrachten und ihre Hüften taxieren. Gegen den Tod wird man ihren Bauch, Prinzen und Puppen ins Feld führen. Aber es gibt kleine Mädchen, die lieber von ihren Träumen schwanger sind, und ich erinnere mich sehr gut, wie sehr ich Puppen hasste.

Man misstraut niemals den kleinen Mädchen und ihren geheimen Zeremonien. Und doch, wenn sie allein in ihrer Ecke sind und man glaubt, sie erfinden Geschichten, erfinden sie stattdessen häufig Geister, leihen dem Tod den Körper ihrer Puppe und schlafen mit ihm ein, während sie seltsame Zauberformeln summen.

Mein kleines Mädchen zeichnete undeutliche Figuren in den Sand, ohne sich im Mindesten für das Baden im Meer, seine Familie und seine Brüder zu interessieren, die mit Comic-Monstern kämpften. In was für eine Welt war es versunken, während seine Mutter sich mit Sonnenmilch eincremte? Plötzlich erinnerte ich mich an das, was ich als Kind vor mich hin trällerte, als ich in der Camargue im Schilf herumsprang. »Ich will nicht erwachsen, nutzlos und bedeutend werden.«

»Ich verlange nicht von dir, dass du die Beste bist«, hatte mein Lehrer Pierre Barbizet zu mir gesagt. »Ich verlange von dir, einzigartig zu sein – dann werden dir deine Mittel in ihrer ganzen Fülle zur Verfügung stehen.«

Der Strand, die Hitze, Schläfrigkeit, die drei Tage, in denen ich Venedigs *vicoli* in alle Richtungen durchstreift hatte, ließen eine Flut von Bildern heranbranden. »Gehen wir, gehen wir, da alles dahingeht, wir werden uns oft umdrehen«, schreibt Apollinaire. Meine Kindheit, die Iris von Béatrice und die kleine Spieldose des Lehrers, der ich jetzt jeden Abend zuhörte und der das kleine Mädchen vom Lido ähnelte.

Woran mochte sie denken?

Träumte sie wie ich als Kind davon, dass ihr Blick wie die Ecke einer Seite den Zipfel des Himmels hochheben, sachte an ihm ziehen und ihn umdrehen könnte, und dahinter würden dann all jene erscheinen, die dort geliebt, dort gelebt, dort gelacht hatten und die jetzt verschwunden waren, weil sie auf die andere Seite gekippt waren? Sah sie in diesen besonders hellsichtigen Träumen, wie ich es als Kind sah, dieses Spinnennetz aus Personen? In Venedig Vivaldi in den hellen Klängen des Cembalos und dem Gold der Trompeten, und Franz Liszt, der um Wagner trauert, dieses Genie, das seine Tochter geheiratet hatte, und Wagner, der auf einem Balkon am Canal Grande Isolde ein letztes *G* auf die Lippen legt und einen letzten Hauch von Leidenschaft auf Tristans blutleere

Lider? Sah sie diese kleinen Mädchen aus einer anderen Zeit, Waisen im weißen Kleid, eine Granatapfelblüte in ihren Locken, denen die Dogen beibrachten, zu singen sowie Flöte und Oboe zu spielen, diese *kleinen Nachtigallen im Käfig*, die Vivaldi, der rote Priester, unterrichtete?

Ich war lange durch Venedig gestreift. Und während dieser Spaziergänge hatte ich begriffen, warum der Wunsch, hierherzukommen, mich schon so lange gequält hatte. In Venedig Anadyomene, der aus dem Meer auftauchenden Stadt, war die Musik in die Malerei eingegangen, und die Malerei hatte die Zeit unserer Seelen, unsere innere Dauer, zu ihrer gemacht. Alles hier kehrte sich um, trat in Dialog miteinander, spiegelte, schimmerte: die Wasser in den Himmeln Tiepolos, die sich ständig ändernde Flut der Wolken in den Kanälen und den langen musikalischen Bewegungen. Venedig, schwarz und rosa, reglos, während ringsumher alles in Bewegung ist, dessen Wasser ziehende Wolken an die Decken der Paläste malen, und so hatte ich das Zimmer des Palazzo Vendramin sehen können, in dem Wagner 1883 gestorben war, dessen Wände er rosa bespannt hatte und auf dessen Balkon er ein paar Stunden zuvor, über den Canal Grande gebeugt, vom Leben Abschied genommen hatte.

Aber heute Morgen hatte ich beschlossen, mir einen Tag in der Horizontale zu gönnen. Schließlich war ich in Venedig, das Meer war nicht weit, und auch das lockte mich. Ich habe schon immer die Stimme des Meeres gehört. Ich war gerade weit hinausgeschwommen, in einem

Wasser, das grün und trüb wie die Linse des Auges eines Wals war, und ich war mit weichen Knien an den Strand zurückgekommen und hatte mich auf meinen Liegestuhl fallen lassen. Ich liebte es zu tauchen, mich von der Küste forttreiben zu lassen, mein Haar strahlenförmig im Wasser ausgebreitet und ich inmitten eines Netzes aus Lichtstrahlen. Hinabtauchen und dabei den Atem anhalten, wie beim Yoga, und dann mit einem Schlag der Beine wieder an die Oberfläche zurückkehren. Jedes Jahr spielte ich erneut mit dem Gedanken, schwimmen zu lernen wie die Athleten der Olympischen Spiele, kraftvolles Kraulen, Delfinschwimmen. Zu meinen Lieblingstieren gehörten immer schon die fliegenden Fische mit ihren silbrigen Ellipsen aus einem Element ins andere: ihre Sprünge ins Blau des Himmels, ihr Eintauchen ins Meer, als nähten sie mit einer Heftnaht aus Flügeln und Schuppen die Luft ans Meer.

Ich fing gerade an, mich wirklich im Urlaub zu fühlen, mich in diesen Gedanken einzurollen, wie ich mich vorhin in den Wellen gedreht hatte. Ich war viel zu Fuß gegangen, hatte viel besichtigt, ebenso viel gelesen, während die Sätze von Béatrice und dem Lehrer, die sich in meinem Gedächtnis vermischten, in aller Stille in mir arbeiteten. Ich hatte seinen Brief wieder und wieder gelesen, und in seinem Postskriptum die Adresse seines jungen deutschen Freundes, dem zu begegnen ich dem Zufall überlassen sollte. Dem Zufall? Ich lächelte innerlich, während eine laue Brise mein Strandröckchen hochwirbelte. Hatte ich Béatrice gegenüber nicht behauptet, der Zufall existiere nicht, und stand ich nicht voll und ganz hinter dieser Behauptung?

Hans Engelbrecht. Hans Engelbrecht wohnte in Hamburg. Ich würde also nach Hamburg fahren und ihn besuchen. Kaum hatte ich diese Entscheidung getroffen, hatte ich schon Angst vor der Enttäuschung. Solange ich diesen »jungen Freund« nicht kannte, konnte ich ganz nach Belieben mit dieser Person spielen, wie mit einer Gliederpuppe, mal Pierrot, mal Harlekin, blond oder dunkelhaarig, groß oder klein. Was ihn in meinen Augen interessant machte, war, dass er der Freund des Lehrers war und dass dieser ihm seine Spieldose zugedacht hatte. Würde ich, wenn ich ihn kennen lernte, den Schlüssel zu dem Rätsel entdecken?

Was für ein Rätsel unter dem Deckmantel eines Vorschlags? Was sollte mir an dieser Spieldose gefallen? Die zugleich vertraute und eigenartige Musik? Apollo und seine Lyra? Apollo, Gott der Musik, aber auch Bote des Jenseits, was hatte er mir zu sagen? Noch ein Zeichen des Schicksals: Apollo, Sohn einer Wölfin, ist ein Gott, den ich stets ganz besonders geliebt hatte, und wenn ich von Reisen träumte, hatte ich stets mit einem Aufenthalt auf Delos, seiner Heimatinsel, geliebäugelt. Delos, die Insel der Ewigkeit, auf der man weder sterben noch zur Welt kommen und auf der keine Toten beerdigt werden durften. Delos und auch Delphi, wo Apollo den Drachen Python erschlug, den Wächter der Dunkelheit und des unterirdischen Gangs. Damit ändert sich die Art der Herrschaft, Delphi wird das Heiligtum des Lichts. Dort, unter den

Säulen des Tempels, veranschaulicht Apollos Wacht die doppelte Blüte des Heiligen und der Kunst, denn Apollo ist auch Gott der Musik, Herr der Musen und Lyraspieler.

Wozu wollte der Lehrer mich auffordern? Was war seine Botschaft? Wollte er mir sagen, dass, wie in den Mythen oder im Gedicht, alles Licht aus einem Kampf zwischen den dunklen Kräften, dem Chaos und einer höheren Ordnung hervorgeht? Hatte ich ein Ungeheuer in mir, das getötet werden musste?

Ich reckte mich. Die Mutter rief ihre kleine Tochter, die sich taub stellte. Ihre Brüder räumten ihre intergalaktischen Schwerter in die große Einkaufstasche. Der Vater zog in der Ferne ein Baumwollhemd an. Das Meer schimmerte, und hinter mir flimmerte das alte Bäder-Hotel im Sonnenlicht. Und doch schwebte der Schatten Thomas Manns zwischen den Holzkabinen, deren Farbe abblätterte; und die dunkle Bewegung, die die Musik von Mahler – das schmachtende Adagietto aus der Fünften Symphonie – erzeugte, war noch immer überall zu spüren zwischen dem Salz und dem Schirokko und hatte den Ort für immer in eine trübe Melancholie getaucht.

Die Musik und sogar die Erinnerung an sie hatten schon immer eine ganz besondere Wirkung auf mich ausgeübt: Sie ließ mich mit ihr eins werden an dem Ort, an dem sie herrschte, so wie die Erinnerung an das Meer auf den Mosaikböden der Basilika San Marco wogte. Eigentlich handelte es sich weniger um eine Wirkung als um eine

Macht. Würde ich ihr eines Tages überdrüssig werden? Nein, das war unmöglich. Ich war traurig, aber der Musik weder überdrüssig noch ihretwegen traurig; erst gestern noch hatten mich die Schwalben auf den fünf Linien einer Partitur von Brahms, seine Pausen und seine Seufzer in den Schlaf gewiegt.

»Die Musik ist Ihre blinde Passagierin. Sie befinden sich fortwährend in der Mitte. Und in der Mitte sein bedeutet, dass man Vermittler ist. Von wem? Von was?«, hatte der Lehrer mir geschrieben. Und vor allem seine Antwort pochte mir in den Schläfen: »Ich fürchte, es reicht nicht, Vermittler allein der Musik, der ausschließlich von den Werken geschenkten Musik zu sein.«

Vor meiner Abreise aus New York war ich traurig gewesen, weil ich müde, ja erschöpft gewesen war, so jedenfalls hatte ich mir mein Unwohlsein und meinen Hunger erklärt, und die Schwierigkeiten, die es mir bereitete, meine neue Platte aufzunehmen. Jetzt wurde mir allmählich die Schwäche oder, besser, die Ungenauigkeit dieser Diagnose bewusst. Sollte ich mich in den letzten Jahren darauf beschränkt haben, Vermittlerin *allein* der Musik zu sein? Sollte das, wie der Lehrer voraussagte, tatsächlich nicht reichen? Sollte ich zu viel von meiner Freiheit geopfert haben – aber auf welchem Altar? –, und sollte sie jetzt, da meine Flügel zerrupft waren, meiner Seele tatsächlich nicht mehr erlauben, mein Leben und meinem Körper, seine Seele zu leben?

Aber wo und wann war ich gestolpert? Ich verscheuchte diese Gedanken, weil sie plötzlich eine tiefe Leere unter meinen Füßen öffneten, und dieser Abgrund erschreckte mich.

»Das kann erneut erlebt, geerntet werden von anderen, von mir nie mehr«, schreibt Paul Morand auf den letzten Seiten seines Buchs *Venises*; Venedig ist für ihn ein magischer Ort, sein geheimes Museum, mit dem ihn eine innige Liebesbeziehung verbunden hat, so wie mich mit der Musik. »Von mir nie mehr.« Ich erschauerte vor Entsetzen. Melancholie oder Nostalgie sind eigentlich nicht meine Sache, aber der Gedanke, meiner Zeit den Lebensnerv geraubt und meinen Lebensschwung, meine Fähigkeit zu staunen und mich begeistern zu lassen, durch eine gewisse Routine ersetzt zu haben, erschreckte und lähmte mich. Ich vertrieb ihn, indem ich aufsprang, und hatte sofort ein sehr schlechtes Gewissen, das ich ebenfalls verdrängte, indem ich mir fest vornahm, später darüber nachzudenken.

Jetzt verspürte ich erst einmal den dringenden Wunsch, mich ins Meer zu stürzen, so wie ich in South Salem manchmal den dringenden Wunsch verspürte, mit den Wölfen zu rennen.

Ein Satz von Jeremia kam mir in den Sinn: »Welche Prophezeiung hat ein Volk jemals von der Sünde abgehalten?«

Auch ihn verscheuchte ich, indem ich mich in die Fluten stürzte.

Gerade weil ich an die Wölfe gedacht hatte, packten mich eine Stunde später Zweifel.

Als ich New York verließ, hatte ich mir gesagt, dass Ferien, eine Reise mir die Ruhe bringen würden, die ich brauchte. Allerdings hatte ich mich fern der Alltagsroutine, weitab des wahnsinnigen Stundenplans, der mittlerweile meinen Terminkalender beherrschte, ganz meinen Gedanken überlassen; denn wenn man wegfährt, lässt man seine Gedanken nicht in einem Schließfach zurück. Selbst am Ende der Welt, an den Polen oder in den Tropen, bleibt man stets Gefangener seiner Ängste. Die Hölle, das sind niemals die anderen; die Hölle, die ist man selbst: die einzige Person, der man nicht entkommen kann.

Als ich an die Wölfe gedacht hatte, hatte ich mich wieder erinnert, wie ich meinen ersten psychischen Knacks bekommen hatte. Der Grund waren in der Tat die Wölfe gewesen, und ich hatte Monate gebraucht, um die Angst und den Zweifel zu besiegen, die der Unfall in mir ausgelöst hatte und die mein unerschütterliches Vertrauen ins Wanken gebracht hatten.

Alles hatte im Sommer 1999 begonnen. Ich war nach Boulder in Colorado gefahren, um im Rahmen des dortigen Musikfestivals ein Konzert zu geben. Als ich eines Abends ins Hotel zurückkomme, reicht mir der Mann am Empfang eine »dringende« Nachricht, die von einem mir vollkommen Unbekannten hinterlassen worden war; aber es ist darin von Wölfen die Rede, und ich zögere nicht, ich wähle die angegebene Nummer. Am anderen Ende der Leitung eine Frauenstimme. Ich stelle mich vor und werde sofort mit der Person verbunden, die mir die Nachricht hinterlassen hat. Es handelt sich um einen Fernsehproduzenten, der sich auf Tierreportagen spezialisiert hat.

»Ich erkläre Ihnen das Prinzip meiner Sendung«, sagt er zu mir. »Eine Stunde, ein Tier, ein Gast. Denken Sie nur, ein paar Kilometer von Boulder entfernt hat ein Tierarzt einen riesigen Besitz, auf dem er wilde Tiere hält. Eigentlich ist er ein Fachmann für Falknerei, aber er besitzt auch eine Menagerie, von der man nur träumen kann.«

Der Produzent schlägt mir vor, als Gast an den Dreharbeiten für eine Sendung über den Wolf teilzunehmen, »Sie sind genau die Richtige dafür«. Anschließend beschreibt er mir detailliert die Schönheit des Besitzes, auf dem die Tiere leben. Mehrere Hundert Hektar mit zahlreichen Canyons, Hügeln und ursprünglichen Tälern, voll dichter Wälder und reich an Wild. Und im Zentrum des Anwesens ein grüner See mit einsamen Ufern.

»Der Tierarzt ist Experte für Raubtiere, er hat ein außergewöhnliches Gespür für wilde Tiere; übrigens dressiert er sie, und viele von ihnen haben in Hollywoodfilmen mitgespielt oder in der Werbung.«

Ich bin verwirrt und erbitte mir eine Stunde Bedenkzeit. Ich bin wegen des Festivals da, und zwischen Proben und Konzerten bleibt mir nur wenig freie Zeit, aber die Neugier quält mich. Der Ort interessiert mich mehr als seine Besitzer, denn der Raum, sein Funktionieren und seine Gestaltung bereiten mir im New York Wolf Center die meisten Probleme. Wie hat dieser Tierarzt die Gehege für seine Wölfe angelegt? Welchen Zugang bietet er ihnen? Verfügen sie über naturbelassene Bereiche? Wie hat er die Verkehrswege auf seinem Grundstück geführt? Wie sehen seine Schutzzäune aus?

»Ich wäre sehr gern Ihr Gast«, erkläre ich dem Produzenten eine Viertelstunde später. »Aber vor den Dreharbeiten möchte ich die Örtlichkeiten kennen lernen.«

Tiefes Schweigen folgt auf mein Ansinnen. So tief, dass ich das Gefühl habe, die Verbindung sei unterbrochen. »Hallo? Hallo?«

»Ihre Bitte ist unerfüllbar«, erwidert der Produzent endlich. »Es handelt sich um ein privates Anwesen. Besuche sind nicht gestattet, und waren es nie.«

Das sind genau die Worte, die man zu mir sagen muss, wenn man meinen Dickkopf herausfordern will.

»Tut mir leid, aber das ist meine Bedingung.«

Am nächsten Morgen fahren wir los, um den Besitz zu besichtigen. Als wir die Privatstraße nehmen, die zu dem Anwesen führt, wird mir bewusst, wie riesig das Gelände ist, und ich verstehe die überschwänglichen Worte des Produzenten. Wir fahren durch ein Portal, das sich in einem Drahtzaun öffnet, der unter Strom steht, und rollen endlos über eine Piste, von der wie von einer Ähre weitere Wege abzweigen, die kein Ende zu nehmen scheinen. Hinter dem Land Rover erhebt sich eine Staubsäule, die eine andere Straße in den tiefblauen Himmel zeichnet. Wir fahren an felsigen roten Bergen ohne jede Spur von Vegetation entlang und erklimmen steile Wege voller

Geröll. Die Landschaft ist grandios: so weit das Auge reicht, kein Haus, keine Menschenseele, kein Zeichen von Zivilisation.

Nach einer Ewigkeit taucht endlich das Haus – besser: der Palast – auf. Ein gewaltiges Gebäude am Hang eines Hügels, umgeben von einem mit Büschen und Bäumen bepflanzten Park. Zweimaliges Hupen, und der Besitzer des Anwesens erscheint in Begleitung seiner Frau auf der Eingangstreppe, um mich zu begrüßen. Er ist freundlich, direkt und empfängt mich mit einem Lächeln; dann gehen wir hinein, um Tee zu trinken; es herrscht ein unglaublicher Luxus, aber das Haus wirkt wie ausgestorben. Nach dem Tee und oberflächlichem Geplauder über die Schönheiten Colorados bitte ich darum, mir die Tiere und vor allem die Wölfe anschauen zu dürfen. Ich kann es kaum erwarten, endlich zur Sache zu kommen und das Gelände zu besichtigen.

Zusammen mit dem Tierarzt, seiner Frau und dem Produzenten steigen wir auf den Hügel hinter dem Haus. Auf der anderen Seite ist auf einem trockenen Abhang ein Gebiet mit einem hohen Drahtzaun eingefasst, und auf diesem eingefriedeten Gelände werden die Tiere in Gehegen gehalten. Zwei Wölfe, zwei sibirische Tiger, Pumas, Silberlöwen, Bären und eine Gruppe Raubvögel. Der Boden der winzigen Zwinger besteht aus Zement. Kein natürlicher Boden, keine überlegte, durchdachte Anordnung der Gehege untereinander. Ich bin bestürzt.

»Bleiben Sie, wo Sie sind«, befiehlt mir der Tierarzt und geht mit seiner Frau auf die andere Seite des Zauns. Sie nähern sich den Raubtieren und öffnen den Zwinger der Wölfe.

Ich stehe vor dem Drahtzaun, ganz auf die beiden Wölfe konzentriert, ein prächtiges Paar mit glänzendem Fell, sichtlich gut genährt und gepflegt. Als die Wölfin das Geräusch des Schlüssels hört, stürzt sie los, mit gesträubtem Fell und gefletschten Zähnen – Zeichen sehr großer Aggressivität. Sie stürmt auf den Tierarzt zu. Als sie ihn erreicht hat, beruhigt sie sich, wird aber erneut wütend, als seine Frau eine Bewegung macht.

Ich rufe sie, und sofort kommt sie zu mir, diesmal voller Freude, die Ohren nach hinten gelegt, freundlich mit dem Schwanz wedelnd. Sie will Zärtlichkeiten, und ich streichle sie durch den Zaun hindurch – der Produzent neben mir ist völlig verblüfft.

»Phantastisch!«, ruft der Tierarzt und reibt sich die Hände.

Er sieht mir zu, wie ich mit der vollkommen unterwürfigen Wölfin ein Zwiegespräch führe.

»Morgen«, fährt er fort, »werden wir einen guten Job machen.«

Ein Haufen Fragen schwirrt mir durch den Kopf. Leben die Wölfe und all die anderen Tiere den ganzen Tag hier? Oder hat man sie in diese Zwinger gesperrt, damit ich sie sehen kann? Ist das der Sammelplatz, wohin sie gebracht werden, wenn sie behandelt, gezeigt oder für einen Film ausgewählt werden?

Aber es ist schon spät, der Termin meiner Probe rückt näher, wir verabschieden uns, und ich mache mich sofort auf den Rückweg. Der Produzent, den ich während der Fahrt ausfrage, kann mir keine Antworten geben; sollte er sich ebenfalls Fragen stellen, so verbirgt er seine Verunsicherung jedenfalls sehr gut. Wir verabreden uns für den nächsten Tag in aller Frühe.

Als der Kameramann mich am nächsten Morgen um acht aus dem Wagen steigen sieht, bittet er mich sofort, mich umzuziehen – mein blendend weißes T-Shirt strahlt in der Sonne viel zu hell. »Wir werden Riesenprobleme mit der Blende kriegen«, beharren die Techniker des Fernsehteams, und sie haben Recht, im Sommer ist das Licht in Colorado unglaublich grell.

»Ich habe alles, was Sie brauchen«, sagt die Frau des Tierarztes, als ich einwende, dass ich nichts zum Wechseln dabeihabe.

In ihrem Schlafzimmer leiht sie mir ein hellblaues Hemd, dem, obwohl es sauber ist, bereits ihr Parfum anhaftet, und zeigt mir das Badezimmer, damit ich mich dort umziehen kann. Das Badezimmer... Ich kann es nicht anders als mit Superlativen beschreiben: ein völlig übertriebener Luxus, Marmor bis zur Decke, goldene Armaturen, facettierte Spiegel, Lüster aus Murano und Kristallfläschchen. Ein Badezimmer, würdig einer Kleopatra. Ich knöpfe langsam das kurzärmlige Hemd auf. Die Spiegel werfen mir vervielfacht mein Bild zurück. Ich entdecke die Falte auf meiner Stirn. Ich ziehe mein T-Shirt aus, und für den Bruchteil einer Sekunde sehe ich mich voller Blut.

Das Bild erschreckt mich so sehr, dass ich entsetzt

aufschreie; ich ertappe mich, wie ich mich umsehe, um sicherzugehen, dass ich allein bin, dass meine blutverschmierte Doppelgängerin mich nicht von der anderen Seite des Spiegels aus anblickt. Zum Glück verschwindet das Bild, als ich das Hemd anziehe. Habe ich geträumt? Ich reiße mich zusammen, aber das Unbehagen bleibt.

»Leben die Tiere den ganzen Tag in diesen schrecklichen Zwingern? An Geld scheint es Ihnen ja nicht zu mangeln«, sage ich ohne Umschweife zu dem Tierarzt, der keineswegs beleidigt ist.

»Das hier ist kein Ort für Besucher. Die Tiere, die Sie sehen, sind Profis, sie sind alle dressiert und sehr intelligent. Ich verwende sie für Filme. Wenn ihr Bau behaglicher wäre, könnte ich sie nicht umquartieren. Sie würden keine Leistung bringen.« Und damit klatscht er in die Hände: »Holt den Rüden heraus!«

Meine Verwirrung wird immer größer.

»Warum nur den Rüden?«

»Im Mittelpunkt des Lebens eines Wolfs steht, wie Sie wissen, seine Beziehung zum anderen. Diese Wölfe sind seit Jahren ein Paar. Wenn ich sie zusammen herausholen, bleiben sie unzertrennlich.«

Mir bleibt die Spucke weg, aber es ist zu spät, um zu protestieren. Die Klappe für die erste Aufnahme ist gefallen, das Fernsehteam ist bereit, und der Moderator, ein durchaus sympathischer Mann, stellt mir sofort Fragen zu der Art, zum Verhalten der Wölfe und zu den Schutzprogrammen, während der Rüde auf mich zutrabt. Er ist ein von Natur aus neugieriges und freundliches Tier. Er will wissen, wer ich bin, und ich wende mich ihm sofort zu. Ich knie mich hin und streichle ihn ausgiebig. Er springt auf meine Schultern, schnuppert an mir, leckt mich und wiederholt das Spiel zweimal.

»Okay!«, ruft der Tierarzt aus der Ferne. »Das reicht für den Rüden. Machen wir jetzt eine Aufnahme mit dem Weibchen, aber in einer anderen Umgebung.«

Wir machen uns alle auf den Weg zum See. Wir gehen in Position. Der Kameramann sagt, er wolle die verschiedenen Aspekte der Landschaft einfangen, das blaue Wasser des Sees filmen, das Grün der Wiese und die weiße Wölfin, und er bittet den Tierarzt, aus dem Bild zu gehen; er will mich allein mit dem Tier aufnehmen. Ich folge brav den Anweisungen des Kameramanns und gehe zum Ufer hinunter. Die Wölfin ist schon da. Sie ist unruhiger als das Männchen. Sie wirkt aufgedreht wie ein Teufel in seiner Schachtel, bereit, sich auf mich zu stürzen. Sobald sie mich sieht, trabt sie auf mich zu und begrüßt mich einmal, ein zweites Mal. Wir haben uns bereits am Tag zuvor kennen gelernt, und ich bin vollkommen entspannt; übrigens spüre ich auch bei ihr keinerlei Zögern, keinerlei Anspannung und sage mir, dass sie ein eher ausgelassenes Temperament hat. Wie die Menschen haben auch die Tiere ihren Charakter. Ich lasse mich von der Landschaft, von der eigenartigen Form dieses kleinen Sees ablenken, der von Erdfingern gezackt ist, die das Wasser packen zu wollen scheinen. Die Wölfin springt hinein und schwimmt, und ich nähere mich dem Ufer, um ihr zuzusehen. Sie sieht mich, kehrt um, kommt aus dem Wasser und trabt erneut mit angelegten Ohren auf mich zu.

Ich knie mich hin, um den Kontakt zu erleichtern. Sie legt die Vorderpfoten auf meine Schultern, die Ohren immer noch angelegt, und leckt mein Gesicht – und dann höre ich plötzlich ein sehr heftiges Knurren, und da ich ihr mein Kinn entgegenstrecke und mein Hals folglich ungeschützt ist, packt sie mich an der Kehle, beißt hinein, lässt von mir ab, entfernt sich, kehrt um und kommt zu mir zurück, um mich erneut anzugreifen. Der Angriff erfolgt blitzschnell, innerhalb weniger Sekunden.

Beim ersten Biss habe ich mich fallen lassen und mich wie ein Embryo zusammengerollt. Instinktiv habe ich meinen Ellbogen über den Kopf und meine Hand auf das Ohr gelegt, und ich schließe die Augen. Ich spüre ihren Atem, ich höre ihr Knurren, sie beißt in meinen Kopf, sucht mein Ohr, stößt auf meine Hand, nimmt meinen Zeigefinger ins Maul und beißt kräftig hinein. Ich widerstehe dem instinktiven Drang, aufzuspringen und wegzulaufen – was ein verhängnisvoller Fehler wäre, denn die Flucht weckt ihren Jagdinstinkt. Ich spanne all meine Muskeln an, spüre, wie eine warme klebrige Flüssigkeit über mein Gesicht läuft, und höre Schreie.

»Alles in Ordnung? Alles in Ordnung?«

Zwei kräftige Hände richten mich auf, und ich öffne die Augen. Der Tierarzt, knallrot im Gesicht, hat der Wölfin ein Geschirr angelegt und zieht sie von mir weg. Seine Frau kommt angelaufen, und als sie sie sieht, wird die Wölfin verrückt und springt mit gefletschten Zähnen, Schaum vor dem Mund, herum und versucht, sie zu beißen.

Der Tierarzt jammert: »So etwas habe ich noch nie erlebt!« Alle, Kameramann, Produzent, Moderator, sind zutiefst entsetzt und umringen mich zitternd. Mein Hals blutet, mein Finger ist zerfetzt, doch dank des Adrenalins habe ich im ersten Augenblick nichts gespürt. Man bringt mich ins Haus zurück, und jetzt machen sich die Nachwirkungen des Angriffs bemerkbar. Mir wird schwindlig und schlecht, und ich sinke auf das Sofa ...

Ich weiß bis heute nicht, wie ich am selben Abend spielen konnte, nach einer Reihe von Spritzen, mit einem Schal um den Hals, um den Verband zu verstecken, und mit verbundenem Finger. Ich erinnere mich nur, dass ich an die kleine Meerjungfrau gedacht habe, als ich die *Burleske* von Richard Strauss spielte – mein Finger schmerzte bei jeder Note, so wie ihre Füße bei jedem Schritt brannten. Und ich erinnere mich auch an all das Blut, das die Tastatur verschmierte, als der Verband sich vom Zeigefinger löste.

In den fünf Tagen, die ich in Boulder verbrachte – ich hatte noch zwei Konzerte zu absolvieren –, durchlebte ich den Vorfall immer wieder, zogen die Bilder des Angriffs wiederholt an mir vorbei. Ich stand unter Schock: Wenn die Wölfin mich noch mehr gebissen hätte, wie hätte ich, so weit von der Stadt entfernt, gerettet werden können? In dieser zerklüfteten Landschaft hätte ein Hubschrauber nur schwer landen können. Gleichzeitig versuchte ich, die

Gründe für den Unfall zu verstehen. Ich war selbst nicht ganz unschuldig daran. Zunächst einmal hätte ich die Einladung ablehnen müssen; ich war krank, stand unter Antibiotika und befand mich in einem schlechten Allgemeinzustand, was Wölfe spüren und fürchten. Und außerdem war die Wölfin schon neun, also nicht mehr jung, ich kannte sie nicht, und angesichts der Umstände, unter denen sie gehalten wurde, war es sehr gut möglich, dass sich über die Jahre eine Menge Frust in ihr angestaut hatte. Hatte sie mich töten wollen? Nein, dessen war ich mir sicher. Sie hätte die Gelegenheit dazu gehabt: Sie hätte ihre Beute nur fest zu packen und mit ihren Fangzähnen etwas kräftiger zuzubeißen brauchen. Sie hatte mir vielmehr ihre Vormachtstellung begreiflich machen wollen; vermutlich hatte sie die Anwesenheit des Rüden gespürt und auf dem Hemd den Geruch der Frau des Tierarztes wahrgenommen, die sie so aggressiv machte. War es ein erster Versuch gewesen oder nicht? Ich habe es niemals erfahren. Wie auch immer, ich hatte ziemlich leichtsinnig gehandelt, als ich diesen beiden Wölfen von Anfang an mein Vertrauen geschenkt hatte. Alle Verhaltensforscher wissen es: Gründliche Beobachtung und umfassendes Wissen über die wilden Tiere sind unerlässlich, bevor man einen ersten Kontakt mit ihnen herstellt.

Und mit einem Mal wurde mir bewusst, was für ein unglaubliches Glück ich seit 1991 gehabt hatte. Ich hatte mir niemals Gedanken darüber gemacht, dass einmal etwas passieren könnte, so sicher war ich mir, dass ich unbesiegbar war und diese natürliche Fähigkeit sofortiger Kontaktaufnahme besaß, die meine Begegnung mit Alawa ausgezeichnet und die sich auch im Umgang mit den anderen Wölfen immer wieder bestätigt hatte. Blitzartig wurde mir klar, wie sehr ich mir selbst etwas vorgemacht hatte. Jede Situation ist einzigartig, jedes Tier ist einzigartig – wie die Wassertropfen von Leibniz –, keines ähnelt dem anderen, was jedes einzelne umso wertvoller macht.

Nachdem ich mir auf diese Weise den Unfall erklärt hatte, beschloss ich, die Erinnerung an den Angriff aus meinem Gedächtnis zu verbannen, fest entschlossen, die Konsequenzen daraus zu ziehen, vor allem aber, ihn zu vergessen. Mit ein wenig Willenskraft würde ich ihn für immer begraben. Ein Entschluss, der von ziemlicher Überheblichkeit zeugte und beweist, dass ich keine Ahnung hatte, welche Umwege eine Erinnerung zu machen imstande ist, um wieder aufzutauchen.

Eines Tages säuberte ich in dem Winter, der auf diese Sommertage in Colorado folgte, im Beisein der Wölfe das Gehege im Wolf Center. Ich befand mich hinter dem Stapel von Stämmen, der den Wölfen, wenn sie jagen, die Möglichkeit gibt, sich zu verstecken, um sich besser auf ihre Beute stürzen zu können. Ich befand mich also hinter dem Holzstapel, Apache hielt sich oben auf ihm im Gleichgewicht und beobachtete mich ganz neutral. Ich blickte zu ihm hoch, und plötzlich kam mir der Blick der weißen Wölfin, der Wölfin in Boulder, wieder in den Sinn. Das Blut gefror mir in den Adern, und sofort, noch in derselben Sekunde, spürte Apache meine Angst, obwohl ich mich nicht bewegt, nicht einmal gezittert hatte. Das Licht seiner Augen hatte sich verändert, sein Blick war kalt, hart geworden; sein ganzer Körper war angespannt.

Mein Herz begann wie wild zu schlagen; ich fühlte mich äußerst unbehaglich und nervös, in der Falle durch meine Erinnerung und meine Angst. Langsam stellten sich Apaches Haare vom Hals bis zum Schwanz nacheinander zu einem dichten kämpferischen Kamm auf, so wie ein Indianerhäuptling sich mit seinen Kriegsfedern schmückt. Ich entfernte mich daraufhin rückwärts gehend vorsichtig von dem Wolf und achtete darauf, ihm nicht den Rücken zuzudrehen. Er ließ mich nicht aus den Augen, die sich immer mehr zu phosphoreszierenden Schlitzen verengten. Und als ich endlich das Gehege verlassen hatte und die Tür – die zum Glück ganz in meiner Nähe war – hinter mir schloss, begann Apache zu knurren. Ein leiser Zweifel begann an mir zu nagen.

In der folgenden Woche betrat ich das Gehege nicht mehr. Ich wusste, dass Apache mich testen würde, vor allem, da Winter war, sein erster Winter: Wie bei einem pubertierenden Jugendlichen spielten die Hormone verrückt, und er musste sich orientieren und seine Zähne wetzen. Glücklicherweise schneite es acht Tage lang heftig, und am Ende der Woche lag eine herrliche Schneedecke auf der Landschaft. Kein Wind, klarer Himmel und kalte Luft: das Lieblingswetter der Wölfe. Und nun stellte ich mich wieder an den Drahtzaun und beobachtete Apache. Gemächlich, mit wachem Blick, kam er angetrabt. Wir begrüßten uns wie früher, und mein Vertrauen zu ihm und sein Vertrauen zu mir sind seitdem ungetrübt.

Ich habe den Unfall in Colorado niemals vergessen, und auch nicht, dass er mir im Umgang mit meinen eigenen Wölfen beinahe zum Verhängnis geworden wäre. Ich habe im Gegenteil mein Verhältnis zum Tier gründlich überdacht. Ich habe begriffen – und das war durchaus schmerzlich und verlangte einige Selbstüberwindung –, dass diese vollkommene Symbiose, meine eigene Animalität im Einklang mit derjenigen der Wölfe, etwas ganz und gar Anormales war, außerhalb jeder Norm. Mein Leichtsinn, dieses Gefühl völliger Unbesiegbarkeit und manchmal sogar Unsterblichkeit, das mir wesensgemäß ist, hatten meinen Handlungen eine Selbstsicherheit verliehen, die in der Tierwelt allein den dominanten Tieren zukommt. Aber ich war keine Wölfin, sondern nur eine Frau, und das Übrige, alles Übrige war nur ein besonderes Privileg.

Konnte ich unter den gegebenen Umständen diese verlorene *Unschuld* zurückerlangen? Ich wollte nicht glauben, dass meine Beziehung zu dem wilden Leben, meine letzte und ständige Rettung vor den Enttäuschungen der Welt, mich verraten könnte. Und dann begriff ich im Bruchteil einer Sekunde, dass ich mich dem Problem nicht auf die richtige Weise näherte. Es ist falsch zu glauben: »Wenn ich ihn liebe, liebt er mich auch.« Das ist ein hübscher Gedanke, aber auf diese – allzu vereinfachte, allzu egozentrische – Weise springt der Funke niemals über. Auch wenn man eine gefühlsmäßige Bindung eingegangen ist, heißt das noch lange nicht, dass sie für beide Seiten gleichermaßen intensiv ist – oder auf Dauer von beiden gleichermaßen intensiv gelebt werden wird. Es gibt niemals eine Garantie, wir können keinerlei Ansprüche geltend machen, und je außergewöhnlicher die Beziehung zu dem anderen ist – und diese Beziehung zu den Wölfen ist ein Wunder, etwas ganz Besonderes, ein Privileg –, desto empfindlicher, unkontrollierbarer ist sie.

Es gibt kein Rezept, um Unfälle, Trennungen zu vermeiden. Aber der Zwischenfall in Boulder hat mich eine Verhaltensregel gelehrt, die ich seitdem immer befolge, wenn ich das Gehege betrete. Ich versetze mich stets in den Wolf und passe mich seinem Rhythmus, seiner Sichtweise an. Seine Freundschaft ist ein wundervolles Geschenk, aber ich darf niemals vergessen, dass der Wolf mich bestenfalls duldet, auch wenn er mich voller Begeisterung duldet. Ich habe gelernt, äußerst wachsam zu sein und mit allen Fasern meines Körpers intensiv den Moment zu leben, als könnte er mir jeden Augenblick entgleiten. Und ebenso wie mit den Wölfen verhält es sich mit der Musik.

Natürlich kann man scheitern. Das Gefühl der Ohnmacht kann sich jeden Augenblick einstellen – und mit ihm die Verzweiflung. Dann muss man mit aller Kraft das wieder in sich wecken, was einem den inneren Zusammenhalt gibt; denn ohne diesen Funken, diese Leidenschaft, diese Schrift – für mich die Musik und die Wölfe – kann nichts in einem ein Ganzes bilden.

Und natürlich erfordert die Anstrengung, ganz im Handeln und im Denken aufzugehen, eine beispiellose Kraft und einen beispiellosen Glauben – diese unglaubliche Anmaßung zu glauben, man könne die Sache, alle Dinge, all die unzähligen Dinge zusammenhalten –, aber ohne sie geschieht das Wunder nicht, kann es niemals eintreten.

6

Und wenn ich nicht zurückginge?
Wenn ich alles hinter mir ließe?

Wenn ich mich hier niederließe, für immer, am Ufer dieses Sees, im süßen Duft der Glyzinien und den Bonbonfarben seiner Villen?

Ich hatte in Como ein entzückendes Hotel gefunden, und nach zehn Tagen hatte ich das Gefühl, schon mein ganzes Leben hierhergekommen zu sein und bereits seit Monaten hier zu wohnen. Es gab einen Aufenthaltsraum mit roten Plüschsesseln, einem Kamin, in dem die letzten Scheite des Winters den Duft alten Feuers ausströmten, und sogar ein Klavier, das ich nicht anrührte, obwohl es von einem guten Klavierbauer stammte. Ich aß dort zu Abend, ohne diesen Horror, den ich sonst der Nahrung gegenüber empfand, wegen der in aller Eile hinuntergeschlungenen Sandwiches und der Lebensmittelvergiftungen, die mich in kalten und feindseligen Einheitshotels völlig entkräftet ans Bett fesselten.

Ich hatte mir angewöhnt, immer energiespendende Riegel bei mir zu haben, um dem Tunfischbelag, der abgestandenen Mayonnaise, den von altem Öl durchtränkten Pommes frites und den geschmacklosen gummiartigen

Flugzeugmenüs zu entgehen. Hier war die Pasta köstlich, die Minestrone unvergesslich, und es gefiel mir, als Gast mit Halbpension meinen Platz im Speisesaal zu haben, der üppig mit getrockneten Blumen auf gelbrosa Tischdecken geschmückt war. Nach zehn Tagen war mir allmählich die Lautstärke des Stimmengewirrs in der Küche vertraut, erkannte ich die Geräusche, die aus dem Treppenhaus kamen, das asthmatische Keuchen des kleinen Aufzugs und das leise Quietschen der automatischen Glastür am Empfang. Ich dachte an Béatrice und ihre Worte über die eigene Musik der Städte. Diese kleine Herberge hatte ihr ganz eigenes Liedchen; ich mochte die Art, wie sie es trällerte, und den Geruch von starkem Kaffee, der mich jeden Morgen empfing, wenn ich zum Frühstück herunterkam.

Und wenn ich nicht mehr zurückginge? Der Gedanke ging mir im Kopf herum wie der Refrain eines Kinderliedes, diese Kinderreime, deren Absurdität ich so liebte, »eine grüne Maus, die durchs Gras lief…«. Würde ich sie diesen Herren zeigen?

Und wenn ich nicht mehr zurückginge? Dann würde ich hierbleiben, in Como, oder irgendwo in Italien, in der Abgeschiedenheit. Ich würde diejenigen, die ich liebe, bitten, mich für ein paar Tage, ein paar Wochen zu besuchen, und dann würde alles strahlend und vertraulich werden. Anschließend würde ich wieder verschwinden, lange, ich würde in den Bibliotheken nach vergessenen Partituren suchen, ich würde die streunenden Katzen und Hunde aufnehmen, ich würde Bäume und Blumen pflanzen, ich würde mit dem Fallschirm von Bergen springen, ich würde unbeschwert in vollkommener Anonymität leben. So wie ich früher für mein Leben gern las, würde ich endlich die Stapel von Romanen und Büchern verschlingen, die sich bei mir türmten und die ich nicht mehr öffnete, aus Mangel an Zeit – Zeit, wie ich sie verstand, vollständig leer und so wenig mit Beschäftigungen ausgefüllt, dass ich mich in sie schmiegen und zu einem anderen Rhythmus finden kann. Bevor ich abflog, hatte ich meinen Koffer mit allerhand Büchern vollgestopft, Knut Hamsun und Stig Dagerman, Rilke und Shakespeare, *Tausendundeine Nacht*, und eine bunte Mischung von Poesie, Hölderlin wieder und immer, Novalis, den ich in diesem Augenblick am Ufer des Sees genoss. Ich hatte auch Taschenbuchausgaben von Verlaine und Apollinaire, Henri Michaux mitgenommen, viel zu viele Bücher, um sie in drei Monaten lesen zu können, aber ich liebte es, mir Lektüremenüs zusammenzustellen, ein paar Gedichte aus Rimbauds *Illuminations* als Vorspeise, und als Hauptgang Proust.

Ich hatte lange mit Tolstoi gelebt, verrückte Nächte mit Dostojewskij verbracht, den ungestümen Schwung der deutschen Romantiker genossen. Wenn ich erschöpft war oder plötzlich mit reiner Bosheit konfrontiert wurde, hatte ich stets Zuflucht in meinen Büchern gefunden; in ihnen waren selbst die Bösen weder klein noch vulgär, und ich begegnete in ihnen nur selten Dummköpfen. Durch das Lesen konnte ich stets zum Erhabenen gelangen, das in allem steckt: zu den starken Gefühlen oder zum aufregenden und leidenschaftlichen Leben des Herzens. Doch mit einem Mal empfand ich dem Lesen gegenüber den gleichen Widerwillen, der sich damals in mein ganzes Leben eingeschlichen zu haben schien. Ich empfand plötzlich eine Abneigung gegen alles, was gestern noch mein inneres Leben so reich gemacht hatte. Was für ein Glück daher, dass ich, seit ich in Como war, wieder Lust auf Bücher hatte. Ich war überglücklich darüber, weil ich mehr als alle Fragen oder Rätsel meine frühere Begeisterungsfähigkeit brauchte.

Zunächst hatte ich nur ein paar Tage in Como bleiben wollen, doch dann hatten der Charme des Hotels, die Atmosphäre der Zurückgezogenheit, ja der Klausur wie ein Balsam gewirkt. Der See, lang gezogen und grün, gegabelt, seine ruhige, glatte Oberfläche zwischen hohen Ufern. Das Gebirge, das vom Wind und von den Glocken einiger verwegener Herden gestört wurde.

Ich hatte Franz Liszt wiedergefunden, als ich die Gärten der Villa d'Este und seine Wasserspiele besuchte: Kristall, das zwischen den Steinen und Statuen, dem Efeu und anderem leichten und bizarren Laub dahinglitt. Das Wasser nahm, während es die steilen Hänge des Parks zum See hinunterstürzte, die Formen der Verwindungen der Winden und der Spiralen der Clematis an und fältelte sich dann, schwoll an, zackte sich, und ich hörte die Arpeggien des Klaviers, ich sah Franz Liszt, wie er den Kaskaden zuhörte und sie in eine wogende, unendlich sinnliche Musik verwandelte. Und ich hatte auch an andere Wasserpaläste gedacht, etwa Granada und seine spiegelnden Becken, die den Himmel duzten. Granada, in dessen labyrinthischen Palästen sich plötzlich verborgene Höfe öffneten, geschmückt mit angedeuteten Wasserstrahlen, die in den Brunnen perlten.

An den Ufern der Villa d'Este hörte man auch ständig das Geräusch der Ruder im Wasser, das Plätschern des Bootes, das wie ein Seufzer klang, und die Stimme dessen, was vergeht und untergeht, während im Spiegel des Sees die Dinge zu atmen aufhörten und in der Ekstase der Unsterblichkeit ruhten. Die Ruhe hüllte mich wohltuend ein, und mein Körper überließ sich ihr, was keine Faulheit war, sondern eine Neigung, mich an die Luft zu lehnen, als könnte sie allein durch ihre Samtigkeit, die Dichte dessen, was sie empfing und was sie spiegelte, meinen Körper stützen. Ich streckte mich im Wind aus, und das war ein ganz neues Gefühl für mich, die ich normalerweise im Morgengrauen aufstand und nach meinen Gymnastik- und Yogaübungen stundenlang am Klavier saß. Hier hatte ich sogar bei meinen morgendlichen Spaziergängen so sehr das Gefühl, den ganzen Raum einzunehmen, ihn mit all meinen Poren aufzunehmen, dass ich mich auf wunderbare Weise unsterblich fühlte. Und so waren diese ersten zehn Tage in Como angenehm und in ihrem eigenen Rhythmus vergangen. Ich ging auf den Markt, um mich an den Farben und Stimmen zu freuen; ich kaufte Früchte für meine Ausflüge, ich hatte bereits meine Lieblingshändler, einen zahnlosen alten Mann mit schelmischem Blick, ein Pärchen, das sehr auf das Aussehen seines Standes bedacht war und unaufhörlich die Stapel aus kleinen violetten Artischocken und die Sträuße aus Zucchiniblüten neu arrangierte. Ich flanierte durch die Straßen, und die Händler riefen mir ein lautes *Buon giorno* zu. Ich war zu Hause.

»Heute findet in Bellagio der Markt für alte Bücher statt«, sagte die Dame am Empfang zu mir, während sie mir den Zimmerschlüssel reichte. »Da sollten Sie hingehen.«

Ich nickte, um ihr eine Freude zu machen.

»Waren Sie schon in Bellagio?«

»Nein.«

»Das ist ein Dorf am Nordufer des Sees. Und, sagen Sie, könnten Sie, wenn sie dorthin fahren, meinen Neffen und seine Verlobte mitnehmen?«

Und so ließ ich am selben Nachmittag am Eingang des Dorfes dieses gesprächige und verliebte Pärchen aussteigen. Ich begann, zwischen den Ständen umherzuschlendern, ohne mich allzu sehr auf die Bücher zu konzentrieren, die gewiss alt und vermutlich sehr selten, zum größten Teil aber in Italienisch geschrieben waren. Dennoch blieb ich immer wieder stehen, in der Hoffnung, ein schönes Buch über Tiere zu finden, vielleicht sogar über die Wölfe, oder irgendwelche Partituren. Und plötzlich fiel mein Blick auf einen leicht vergilbten, in transparentes Papier eingeschlagenen Umschlag auf einem schön dekorierten Verkaufsständer. Ein schwarz eingerahmter Titel, Robert Schumann, ein Autor, Eugenie Schumann. Der Verleger war Franzose, also öffnete ich das Buch aufs

Geratewohl, und mein Blick fiel auf diesen Satz des Komponisten: »Die Zukunft ist ein großes Wort.«

»Ich habe noch mehr Bücher in dieser Sprache«, sagte der Antiquar, während er mir das Wechselgeld herausgab. »Ich habe die Bibliothek einer großen Villa aufgelöst, die Franzosen gehört haben muss.«

Und der Mann zeigte mir einen ganzen Stapel alter Bücher, darunter viele über Musik. Schumann war dabei, aber auch ein schmales Buch über Clara Schumann, seine Frau, und über Johannes Brahms, außerdem Bücher über die Romantik. Ich kaufte den ganzen Stapel und bekam noch ein hübsches Buch mit Sufimärchen als Zugabe; dann fuhr ich nach Como zurück.

»Das war ein guter Tipp«, sagte ich am nächsten Morgen zu der Dame am Empfang. »Ich habe sehr interessante Bücher gefunden.«

Am Abend hatte ich vor dem Einschlafen meine Erwerbungen durchgeblättert, mit der Absicht allerdings, mir das Vergnügen, sie zu lesen, für später aufzusparen. Und dann hatten zuerst ein Satz, dann ein zweiter und schließlich noch einer meine Aufmerksamkeit gefesselt.

»Ich bin manchmal so voll von lauter Musik und so recht überfüllt von nichts als Tönen, daß es mir eben nicht möglich ist, etwas niederzuschreiben«, schrieb Robert Schumann im Fieber der Begeisterung. Um dann sofort zu zweifeln und sich zu einer Reise zu entschließen! Um zurückzukehren und sich wieder an die Arbeit zu machen. Und erneut zu zweifeln: »Mit dem Klavier ist es gestern gar nicht gut gegangen, als hätte jemand meinen

Arm festgehalten. Ich wollte es nicht erzwingen. Die innere Unruhe und die Dunkelheit schienen Menschen und Himmel zu ertränken.« Es gab etwas bei Schumann, das mich ganz besonders berührte, nämlich diese gewaltige, permanente Anstrengung, die er unternahm, um die Fragmente, aus denen er bestand, zusammenzufügen: der Träumer in seiner Ecke, der vor sich hin pfeift, schrullig, dickköpfig, edel und schwärmerisch, derjenige, der von Blutträumen heimgesucht wird und täglich Himmel und Hölle, Zweifel, schwärmerische Begeisterung und die Versuchung des Verzichts erlebt. Einigen seiner Personen hatte er übrigens Namen gegeben: der impulsive Florestan, der Träumer Eusebius, Meister Raro. Er war jeder von ihnen, ohne wirklich einer von ihnen zu sein. Nur die Musik vereinte sie.

Ich las, und ein merkwürdiges Gefühl überkam mich – eine Art Persönlichkeitsspaltung, eine Spiegelung durch die Zeiten, ein Spiel von Einklang, gelebt im Jenseits, von Vorahnungen, von Offensichtlichkeit, von Übereinstimmungen zwischen Robert Schumann und mir, und Iris blühten in meinem Blut.

Ich suchte mir daher am nächsten Tag ganz früh einen idealen Ort, um zu lesen, nach Herzenslust zu lesen. Alles in Schumanns Leben begeisterte mich, selbst seine Phasen tiefer Melancholie, der Stürme und Ängste, sein Humor und sein Witz. Einer imaginären Pauline von Abegg hatte er die ersten Variationen gewidmet, die er komponiert hatte. Abegg? Ein Name, gebildet aus Noten, so wie Rimbaud es mit den Farben machte, wenn nicht für ihn, Dichtermusiker und Pianist, die Vokale bereits Töne waren.

Ach, wie sehr sprachen die Qualen der Liebe und seiner Seele zu meiner Seele! »Gibt es einen Erntetanz, der die Ernte selbst ist? Gibt es ein Feuerrad der Liebesekstase?« Diese Fragen bekamen für mich, für mich allein, eine so brennende Aktualität, dass es mir den Atem verschlug. Unwillkürlich übersetzte ich sie mir im Licht meiner Zweifel: »Gibt es eine Musik des Lebens, die das Leben selbst ist? Eine Musik der Liebesekstase?«

Das Leben von Robert Schumann und – im Kielwasser seines Schicksals, so eng miteinander verwoben, dass sie nur noch ein Wesen bilden konnten, so stark, dass sie gemeinsam hätten sterben müssen – das von Clara Schumann, seiner sehr jungen Frau, und das von Brahms, seinem noch jüngeren Schüler, hörten nicht auf, diese Frage zu stellen. Und wenn die Liebesekstase diese Musik des Lebens wäre, die das Leben selbst war? Die drei liebten sich. Sie liebten sich wahnsinnig, und ihre Liebe überwand den großen Altersunterschied. Sie waren im Abstand von einem Jahrzehnt und mehr geboren worden, und doch hatten sie das gleiche Alter: das Alter der Leidenschaft und des Genies.

»Lesen Sie einen Liebesroman?«

Ich fuhr zusammen. Ein etwa zwanzigjähriger Mann, der am Nebentisch saß, nutzte den Augenblick, in dem der Kellner mir einen Orangensaft brachte, um ein Gespräch zu beginnen. Er sprach Französisch mit einem leichten englischen Akzent. Seine Aufdringlichkeit ärgerte mich. Ich antwortete ihm mit einem eisigen Blick und sagte: »Ja, haben Sie etwas dagegen?« Ein Satz, der mir sofort über die Lippen kommt, wenn man versucht, in meine Privatsphäre einzudringen. Doch anstatt sich zu entschuldigen oder die Abfuhr schweigend hinzunehmen, brach er gegen alle Erwartung in Gelächter aus.

»Überhaupt nicht! Mich langweilen Liebesgeschichten häufig, aber ich habe gesehen, dass Sie ein französisches Buch lesen, und ich spreche für mein Leben gern Französisch.« Es folgte eine weitere Lachsalve. »Sie denken doch nicht etwa, dass ich... dass ich versuchen will, Sie zu verführen?«

Jetzt musste ich lachen. Seine Worte hatten überhaupt nichts Zweideutiges, es war lediglich eine Feststellung gewesen, die er mit der größten Unschuld gemacht hatte.

»Ich habe mich ungeschickt ausgedrückt«, fuhr er bereits fort. »Ich wollte wissen, ob alle Bücher, die Sie da haben, auf Französisch geschrieben sind, und wenn ja, ob Sie bereit wären, mir eins zu leihen. Nur solange ich meinen Kaffee trinke. Ich gebe es Ihnen sofort zurück, wenn Sie gehen wollen.«

Immer verblüffter, aber entwaffnet von seiner direkten Art, sah ich ihn an.

»Wenn Sie wollen, ich habe eine Sammlung Sufimärchen.«

»Wunderbar! Wunderbar!«

Und ohne ein weiteres Wort nahm er das Buch, das ich ihm reichte, und vertiefte sich sofort in die Lektüre, während er seinen stark verlängerten Kaffee trank.

Robert Schumann hatte Clara leidenschaftlich geliebt, und ihretwegen hatte er fünf Jahre lang die Intrigen, die Hinterlist, die Schläge unter die Gürtellinie und die Verleumdungen von Friedrich Wieck, dem Vater seiner Geliebten, ertragen. Fünf Jahre hatte dieser versucht, Robert Schumann davon abzubringen, ihm diejenige zu nehmen, die sein Meisterwerk war, die er drillte, seit sie vier war, so wie Leopold Mozart es mit seinem Sohn getan hatte. Wieck hatte aus seiner Tochter eine Virtuosin gemacht, der die größten Musiker – Liszt, Mendelssohn oder Chopin – Beifall spendeten. Mit vierzehn hatte Clara ihr erstes Klavierkonzert geschrieben. Ein mittelloser Musiker, ein Phantast, der schlimmsten Stimmungsschwankungen unterworfen war, sollte dieses Genie von der wunderbaren Karriere abhalten, die es erwartete? Clara sollte nach so vielen Jahren des Studiums und der eisernen Disziplin, die er von ihr verlangt hatte, in der Anonymität versinken und ihre außergewöhnlichen Gaben vergeuden?

Friedrich hatte Robert nicht misstraut. Schließlich war Clara, als dieser begabte achtzehnjährige Schüler, den ihm eine einflussreiche Freundin und Gönnerin geschickt hatte, das erste Mal über die Schwelle der Wiecks getreten war, um seine Klaviertechnik zu vervollkommnen, erst neun gewesen. Das Kind Clara betrachtete diesen bisweilen trübsinnigen, bisweilen fröhlichen Jüngling mit dem hingerissenen Blick, mit dem ein kleines Mädchen ihren großen Bruder ansieht. Wie konnte Friedrich auf die Idee kommen, dass Robert ein paar Jahre später, nachdem er fortgegangen war, um zu reisen und ein Jurastudium anzufangen, das blutjunge sechzehnjährige Mädchen mit den azurblauen Augen mit verlangendem Herzen ansehen würde? Als Wieck begriff, dass sein Genie ebenfalls in Liebe entbrannt war, war es zu spät. Sie liebte, und sie wurde wiedergeliebt. Sie liebte, wie man damals liebte, nach dem Absoluten strebend. Und derjenige, der sie liebte, hatte die Werke Jean Pauls verschlungen, den die jungen Zeitgenossen wie eine geheime Liturgie lasen, mit andachtsvoller Hingabe, wie sie der Ritter dem Gral entgegenbringt. Für Robert Schumann war dieser Schriftsteller zum Idol geworden; er hatte sich an der Unebenheit seiner Welt gerieben und daraus eine Fähigkeit gewonnen, das ganze Universum zu verwandeln, das er wie ein mystisches Konzert hörte.

Die Ablehnung eines Vaters war für sein Herz erst recht eine Einladung, das Hindernis zu überwinden. Die Qual war sein Lebenselement, und er war fest entschlossen, die Geliebte zu erobern. Wie hätte er auch auf sie verzichten können? Er hatte seine Muse gefunden, das weibliche Bild par excellence, nach dem seine Brüder im Geist mit aller Kraft verzweifelt suchten. Die geliebte Frau war dieses ewige Anderswo, nach dem sie sich so stark sehnten. Konnte Schumann, der schrieb, Schumann, der lange von einer Karriere als Schriftsteller geträumt hatte, wenn er an seine Kollegen dachte, Claras Vertrauen verraten und sich zurückziehen? Er dachte an Novalis, den Verlobten von Sophie von Kühn, die blutjung mit fünfzehn gestorben war, schmal und blass in ihren goldenen Locken, die im Atem ihres Geliebten entschlafen war.

»Mein Lieblingsstudium heißt im Grunde wie meine Braut. Sophie heißt sie«, schrieb Novalis über sie, und er trug diese verwaiste Liebe in seine Suche hinein, seine Suche nach den Abgründen und nach der Nacht. Mit neunundzwanzig starb er daran. Und Heinrich von Kleist? Kleist, der Fiebrige, der sein Leben seinem Tod geweiht hatte, weil er die Ungerechtigkeit nicht ertragen konnte, unter der Bedingung, dass er zu zweit aus dem Leben scheiden würde, im selben letzten Atemzug und am Ufer eines Sees. Und so starb er, die Tinte seines Abschiedsbriefs war kaum getrocknet, zusammen mit einer jungen Gefährtin: »Die Wahrheit ist, dass nichts auf dieser Welt mir zusagte.«

Konnte Robert Schumann auf Clara verzichten, ohne dem Wahnsinn zu verfallen, wie Hölderlin, nachdem er brutal von seiner Braut »Diotima«, Susette Gontard, getrennt worden war? Sie hatte ihm ein paar Tage vor ihrem Tod und bevor Hölderlin in der Finsternis seines Wahnsinns versank geschrieben: »Das Leben ist so kurz, und mir ist so kalt, und weil es so kurz ist, muss man deswegen so damit spielen? Sag mir, wo werden wir uns wiedersehen, teure Seele, wo werde ich Ruhe finden? Alles, was ich gegen meine Liebe unternehme, gibt mir das Gefühl, mich zu verlieren und mich zu zerstören.«

Das Jahrhundert strebte nach dem Absoluten, die Frauen gaben ihm ihre Zustimmung. Groß, schön, anmutige und geistreiche Feen, beteiligten auch sie sich an dieser Ablehnung der Hässlichkeit, der Banalität, der Heuchelei. Auch sie wollten das Mysterium, das die Romantik besang. Clara, aufrecht im Licht der Liebe, atmete die gleiche Luft. Wer war ihr vorausgegangen? Karoline von Günderode, die auf der grünen Uferböschung des Rheins lag, von eigener Hand erdolcht, weiße Ophelia, die den Tod dem Liebeskummer vorgezogen hatte. Die Dichterin Luise Hensel, ebenfalls von eigener Hand gestorben.

Clara und Robert wollten sich. Sie hatten sich verlobt, und weder Friedrich Wiecks Komplotte noch die üble Nachrede und die Verleumdungen, mit denen dieser missbräuchlich handelnde Vater seinem Schüler zu schaden versuchte, konnten sie trennen. Um endlich heiraten zu können, mussten sie Wieck zu Claras großem Kummer vor Gericht zerren.

Ich unterbrach für einen kurzen Augenblick meine Lektüre, um ein paar Schlucke meines Fruchtsafts zu trinken. Dabei warf ich einen Blick auf meinen Nachbarn. Die Sufimärchen fesselten ihn so sehr, dass ich ihn in Ruhe betrachten konnte. Er hatte ein hübsches Profil; seine wohlgeformten Wangen hatten noch etwas Kindliches. War das, was er mir über die Liebe gesagt hatte, wirklich seine Meinung? Besaß er die Selbstgefälligkeit dieser modernen Menschen, die glaubten, die Welt durch die Brille der Wissenschaft verstanden und das Universum durch ein rationales Theorem erklärt zu haben? Ich dachte an die Fragen, die Robert und Clara Schumann und Johannes Brahms gequält hatten sowie alle anderen schöpferischen Geister ihres Jahrhunderts, ihre warnende Auflehnung gegen die kalte und wissenschaftliche Welt, die sich vor ihren Augen abzeichnete, ihr inständiges Bitten, damit das Wunderbare, alles Wunderbare, sogar das Wunderbare der Anwesenheit des Menschen in der Welt, die Substanz unseres Schicksals, der Sinn unserer Geschichte seien. Was außer Entsetzen hatte der technische Fortschritt schon gebracht? Und was ist unvereinbarer mit der Liebe als die Angst?

»Was haben Sie eigentlich gegen die Liebe?«, fragte ich unvermittelt.

Jetzt fuhr er zusammen.

»Ich habe gerade ein wunderschönes Sufimärchen gelesen; ich glaube, ich werde es mir abschreiben.«

»Sie antworten mir nicht.«

Er lachte erneut.

»Tut mir leid, ich wollte Sie nicht verärgern, aber ich habe Probleme mit den rührseligen Kitschromanen. Sie werden mir entgegenhalten, dass es sich nicht um Liebe, sondern um Gefühlsduselei handelt.«

»Das tue ich in der Tat.«

Ich schlug einen schroffen Ton ihm gegenüber an, da ich mir der Unangebrachtheit meiner Frage, meiner plötzlichen Wut bewusst war, sie zugleich aber nicht bezähmen konnte.

»Tut mir schon wieder leid, aber ich kenne keine andere Form der Liebe.«

Wie ich Sie bedauere!, hätte ich beinahe zu ihm gesagt, aber mit welchem Recht eigentlich, kraft welcher Autorität? Belassen wir es dabei, dachte ich. Ein Achselzucken, ein freundliches Lächeln, und die Sache wäre erledigt. Wir würden beide, der Unbekannte und ich, unsere Lektüre fortsetzen. Und nach einer Viertelstunde, hopp! Auf Wiedersehen oder, besser: Leben Sie wohl!

»Dass Sie mich recht verstehen«, fuhr er sogleich fort, »ich kenne keine andere Form in der Literatur oder im Film, von der zeitgenössischen Malerei ganz zu schweigen! Dort finde ich das Verlangen, ich finde die Lust, den Sex und sogar die Eigenliebe: die Selbstverliebtheit, den Narzissmus, bis hin zur Selbstzerstörung. Ich finde auch den Schrei, die Angst, die Einsamkeit. Aber die Liebe? Die wahre Liebe? Ich fürchte, sie ist aus der Mode gekommen, und alles in allem ist mir das sogar sehr recht: Unser Jahrhundert hat ganz ausgezeichnete praktische Lehrbücher für ihre zeitgenössische Form erfunden.«

»Was Sie da sagen, ist furchtbar.«

»Aber real. Wie die Welt.«

»Und Sie sehen untätig zu?«

Wir blickten uns unfreundlich an, denn wir waren uns beide bewusst, was für einen merkwürdigen Dialog wir da führten, der sich aus heiterem Himmel in der milden Luft dieses italienischen Vormittags entsponnen hatte.

»Ich gebe mich mit dem zufrieden, was das Leben mir schenkt.«

»Und was, wenn es Ihnen zufolge keine Liebe mehr gibt? Womit geben Sie sich zufrieden?«

»Nicht zu leiden, und wenn mir das gelingt, ist das schon phantastisch. Keine Zahnschmerzen, keine Wut im Bauch.

Ich habe Aspirin und Medikamente für die Psyche. Warum soll ich mir das Leben schwer machen?«

»Und mit so wenig sind Sie zufrieden?«

»So wenig? Die Welt ist ein riesiger Supermarkt, und der ganze Planet träumt davon, in ihm einzukaufen! Ich habe das Glück, in den Laden hineingekommen zu sein. Ich schiebe meinen Einkaufswagen und brauche mich nur zu bedienen: ein guter Job, leichte Kleidung, traumhafter Urlaub. Ich kann nichts dafür, dass das Produkt Liebe nicht in den Regalen liegt.« Er atmete tief ein, bevor er fortfuhr: »Und ich bin weder ein Faulenzer noch ein Idiot. Einfach ein bisschen klarer Verstand, bitte, halten Sie es meinetwegen für Zynismus. Machen Sie die Augen auf, blicken Sie um sich. Wer liebt denn? Und selbst wenn jemand liebt, wo wird die Liebe denn belohnt? Was bewundert man mehr, sagen Sie es mir, die Durchtriebenheit, die Macht oder die Güte? Und selbst wenn, fragen Sie sich mal, ob die Güte oder die Liebe als Beweis für Intelligenz gelten. Lassen Sie es gut sein, die Antwort lautet nein.«

»Was Sie sagen, klingt fast überzeugend, aber ganz haben Sie nicht Recht. Sie hat nicht an Wert verloren, nur weil sie nicht so häufig ist. Sie hat stets ihre Nischen gehabt, ihre Zellen des Widerstands.«

Ich wollte die Musik, die Poesie, die Kunst, das Mitgefühl, die Großherzigkeit anführen, aber er ließ mich nicht zu Wort kommen.

»Na und? Sie verstehen den Ernst Ihrer Situation nicht – ich sage ›Ihrer‹, denn was mich betrifft, lassen Sie das meine Sorge sein. Die Liebe verlangt, dass man sie gelesen hat, dass man sie gesehen hat, dass man ihr Wirken bewundert hat, bevor man praktisch zu lieben beginnt, denn andernfalls wird sie sich in ihrer primitivsten, schwächsten Form in der Beziehung entfalten, die gerade die erhabenste bleiben sollte: dem Paar. Die Welt nährt die Liebe mit einer Liebeserfahrung, die nur wir allein in Schwung bringen können. Andernfalls bleibt sie ein leeres Wort, und Sie wissen ja, was mit leeren Worten geschieht: Wie die alte Haut der Schlangen, nachdem sie sich gehäutet haben, vertrocknen sie. Die wahre Liebe muss bereits vor der Liebe existieren. Und wie kann sie das? Wir lieben schon die Welt nicht mehr. Wir lieben die Zukunft nicht mehr, wir lieben morgen nicht mehr. Kann man ohne diesen Glauben, dieses Vertrauen lieben? Wir lieben den anderen nicht mehr, wir haben Angst vor ihm. Haben Sie sich einmal die Menschen in den Bussen oder in den Zügen, in der U-Bahn angeschaut? Sie sprechen nicht miteinander, jeder umklammert seine Tasche, die Knöpfe seines Kragens. Der andere, das ist meine ureigene Angst. Man fürchtet sogar die Worte, sie dürfen nicht mehr sprechen. Und wer ist daran schuld?«

»Sie! Sie und Ihresgleichen! All jene, die die Liebe so gering schätzen. All jene, die klein beigeben.«

»Sie machen es sich leicht. Zu leicht. Zumal Sie schön sind, zu Ihnen scheint das Leben nicht grausam zu sein. Sie wollen Vorlesungen über die Liebe halten am Ufer eines Sees, an dem Leute leben, mit deren Vermögen man die Schulden eines armen Landes bezahlen könnte. Fragen Sie sich lieber, warum wir uns von der Welt abgewandt haben und von der Liebe, die wir ihr schulden. Warum sind wir die besten Freunde des Todes geworden?«

»›Warum eine moderne Welt, wenn solche Gifte erfunden werden?‹, sagt Rimbaud«, erwiderte ich lebhaft. »Damit meine ich: Profit, Macht, Krieg, Egoismus, Drogen, Spott, Demütigung, die zahlreichen und erbarmungslosen Gewalttätigkeiten des Bürolebens. Woher kommt Ihr erstaunlicher Zynismus? In ihrem Alter?«

»Warum ›in meinem Alter‹? Ich habe das Alter meines Jahrhunderts. Ich erspare mir schwere Enttäuschungen. Und wenn man an die Albträume denkt, die die Idealisten in jüngster Zeit ausgebrütet haben, hätte man schon viel früher zynisch sein sollen.«

»Sie haben doch gerade selbst gesagt, dass die Liebe bereits vorher existieren muss.«

»Sicher, sicher. Aber ich habe Mitleid! Diese arme Liebe, der gnadenlos die ganze Menschheit aufgeladen wird! Sechs Milliarden Menschen. Das ist viel, selbst für sie.«

»Das sind sechs Milliarden Hoffnungen, Möglichkeiten für sie wiederaufzuflammen.«

»Sie weiß schon nicht mehr, wo sie wohnen oder abends schlafen soll, an welchem Tisch sie sich stärken kann. Früher steckte in jedem Bettler ein potenzieller Engel. Und in seiner ausgestreckten Hand konnte man Gott sehen, man konnte ihn sogar noch im Blick des Dorftrottels sehen. Früher ließ einen das Alter nicht gleichgültig. ›Großvater‹, ›Großmutter‹ waren Wörter, die nach Mimosen dufteten. Heute ist ›alt‹ nur noch in Afrika ein Kompliment. Die Hygiene hat gesiegt: Um die Bettler kümmert sich das Sozialamt, die Alten gehören ins Altersheim, die Verrückten ins Irrenhaus, und die Kranken schiebt man ab in die Heil- und Pflegeanstalt. Die Hygiene hat über die Liebe gesiegt. Bald wird sie über den Tod siegen wollen, das ist das Unglück, das ich uns wünsche.«

Ich schüttelte sanft den Kopf. »Dann glauben Sie also an gar nichts?«

Mein Unbekannter antwortete nicht sofort. Mit einer Handbewegung rief er den Kellner, der zwischen den Tischen hindurchging, und wollte mich zu einem zweiten Orangensaft einladen, den ich ablehnte, während er einen zweiten Kaffee bestellte. Zwei Sätze, zwei Gesten, und schon hatte er seine Jugendlichkeit und Unbekümmertheit wiedergewonnen, und dieses Lächeln, das den Quecksilbergehalt seiner Worte verringerte.

»Sie wollen wissen, ob ich an Gott glaube? Ich weiß es nicht. Aber ich verspüre keinerlei Notwendigkeit, keinerlei Bedürfnis, an ihn zu glauben.«

»Beten Sie niemals?«

»Nein. Ich wünsche mir manchmal etwas. Ich wünsche mir ein paar Reichtümer. Aber beten...« Er dachte nach, bevor er fortfuhr: »Vielleicht hätte ich zum Glauben gefunden, wenn man mich gelehrt hätte, auf den Knien zu beten, im Gras, im Rauschen des Walds. Aber in einer Kirche... Die Kirche ist ein schlimmer Irrtum: Anstatt zuzulassen, dass das Gebet sich überall ausbreitet, die Welt ergrünen lässt und alle Querfeldeinwege benutzt, beschränkt man es auf eine Stunde in der Woche, einen Ort, eine Gruppe.«

Ich erwiderte nichts.

»Und existiert Gott überhaupt noch?«, fragte er. »Falls er je existiert hat... Ich fürchte, ihn hat das gleiche Schicksal ereilt wie die Liebe, denn sie scheinen wesensgleich zu sein. Ich will Ihnen etwas im Vertrauen sagen...«
Er senkte die Stimme und beugte sich zu mir. »Manchmal frage ich mich sogar, was Gott mehr schadet, die Liebe oder Gott?«

Er schwieg, schlug das Märchenbuch zu und reichte es mir.

»Auf Seite sechsundneunzig beginnt das Märchen, das Sie lesen sollten. Unbedingt.«

»Gehen Sie?«

Er schob den Stuhl zurück, um sich mir gegenüberzusetzen, und rückte den Sonnenschirm zurecht, um Schatten zu haben. Die Sonne stand bereits hoch und brannte stark.

»Nein, ich setze mich zu Ihnen, um die Unterhaltung fortzusetzen, ohne einen steifen Hals oder einen Sonnenstich zu bekommen. Und ich schlage Ihnen außerdem vor, eine Pizza zu bestellen, bevor es zu voll wird. Darf ich Sie einladen?«

7

»Darf ich Sie meinerseits etwas fragen?«, begann der Unbekannte erneut, nachdem er bestellt hatte. Und ohne meine Zustimmung abzuwarten: »Glauben Sie, dass jeder Mensch die gleiche Fähigkeit zu lieben besitzt?«

Fast empört fuhr ich zusammen: »Natürlich!«

»Warum dann all dieser Hass um uns herum? Diese Schlechtigkeit?«

»Sie haben diese Frage vorhin selbst beantwortet. Die Liebe muss bereits vorher existieren. Manche werden bei ihrer Geburt damit überschüttet und umhüllen sich anschließend mit dem Einklang, mit dem man sie umgibt: eine Landschaft, die Musik der Wiegenlieder, wenn sie einschlafen, die Schönheit der Sätze, die ihre Eltern sagen. Andere öffnen die Augen im Leiden der Welt, umgeben von Hässlichkeit, Gestank und Schreien.«

»Sie ist also keine Gabe?«

»Nein! Oder eine Gabe, die wir alle besitzen, die unsere Menschlichkeit ausmacht. Aber sie ist dennoch kein leichter Weg, und auch nicht dieser breite, leicht abschüssige, mit Rosenblättern bestreute Weg. Im Gegenteil. Sie fordert, sie verpflichtet. Die Liebe denkt, fragt, zwingt zum Dialog, zur Strenge, zu größter Gerechtigkeit.«

»Sie zeichnen aber ein erdrückendes Bild von ihr.«

»Ja, wenn man die Schönheit für erstickend hält; die Gabe, die einen erstickt. Aber ich glaube nicht, dass man sie so *denken* kann.«

Für einen kurzen Augenblick dachte ich an den Lehrer, an Béatrice. Ihre Worte, ihre Entscheidungen widersprachen dem Pessimismus meines Unbekannten aufs Heftigste.

»Sie fesselt nicht«, fuhr ich fort, »im Gegenteil: Sie befreit. Die Liebe ist die mehr oder weniger bewusste, mehr oder weniger akzeptierte Suche, die die Schritte eines jeden lenkt. Sie ist die wahre, die einzig mögliche Kenntnis einer Welt, die keine andere mehr duldet und die alle anderen Wege verloren hat, die zu ihr führen.«

»Jetzt sind Sie düster.«

»Nein! Ich glaube aufrichtig an die Liebe, an ihre Kraft. Ich glaube, die Liebe ist das Gedächtnis des Paradieses, die letzte Erinnerung an es, eine Reminiszenz. Wie das Paradies haben wir sie zunächst verloren, und dann haben wir sie vergessen. Aber sie ist da. Sie ist die Seele.«

»Und was bleibt von ihr in diesem Vergessen?«

»Das, was auf einen Mangel hinweist, auf diese klaffende Lücke im Dasein, die durch nichts und niemanden gefüllt werden kann. Das Vergessen ist für die Liebe, was der Schatten für den Körper ist, der ihn verdoppelt: sein Phantom ebenso wie seine Projektion. Die Liebe ist ein Vergessen, das sich erinnert; das Vergessen ist ein Gedächtnis, das, weil es mit der Ewigkeit in Verbindung gestanden hatte, eine Spur hinterlässt – diese köstliche und flüchtige

Erinnerung, die durch uns hindurchgeht und uns in die Fülle, in die Ekstase stürzt. Wenn ich liebe, erinnere ich mich an das Paradies.«

»Und wann lieben Sie?«

Ich lächelte breit.

»Das ist eine leichte Frage. Ich würde gern sagen, immer; bescheidener würde ich antworten, die ganze Zeit. Fast die ganze Zeit. Mit Ungestüm und Leichtigkeit in der Musik. Auch in der bestirnten Natur. In den Museen – die große Kirchen sind, in denen Gott noch die empfängt, die mit ihm reden wollen.«

»Die Liebe ist im Museum?«

»Die Liebe ist überall, wo die Kunst ist. Die Kunst entfaltet die Liebe. Wenn die Menschen an die Liebe glauben – dann legen ihre Werke begeistert Zeugnis von ihrer Existenz ab. Haben Sie die Fresken von Giotto bewundert? Den Blick der Königin von Saba in Arezzo? Haben Sie die *Goldbergvariationen* von Johann Sebastian Bach gehört? Die Kunst sagt, was die Worte, die nicht alles wissen, was ist, die nicht vollständig erfassen können, was die Menschen in ihrem tiefsten Innern empfinden, nicht immer ausdrücken können. Die Kunst duzt die Seele, denn gerade an sie wendet sie sich. Die Kunst hat eine erlösende Macht: Sie erneuert die Religion – die Verbindung zur Liebe, die man auch bei all ihren anderen Vornamen nennen kann: Schöpfung, Freude, Mitgefühl. Vorhin haben Sie die neue Vermählung der Intelligenz mit dem Bösen betont. Die Kunst verwandelt die Intelligenz in intuitive Liebe, weil die Macht der Kunst die Macht par excellence ist und ihre Kraft eine schöne Hoffnung. Die Kunst fächert meine Seele unendlich auf.«

Zum zweiten Mal an diesem Tag sprach der Lehrer aus meinen Worten. Mir wurde plötzlich die ganze Tragweite dessen klar, was er mir hatte sagen wollen: »Dass Sie das fortgesetzte Leben der Musik werden.« Ich hatte seinen Brief sorgfältig zusammengefaltet, ich hatte ihn zusammen mit der Spieldose ganz nach unten in meine Reisetasche gelegt, als ich nach Como gekommen war. Der Gedanke zu bleiben, zu entsagen, war weder mit ihm noch mit ihr vereinbar.

»Die Museen, die Kunst, die Natur, meinetwegen, das ist ja alles ganz schön, aber die Liebe des anderen, für den anderen? Der Körper der Liebe, ihre Arme, ihre Schultern, ihr Mund, ihre Hände?«

»Oh, natürlich! Oh, ja doch! Die strahlende Liebe. Aber dann die lichterfüllte Liebe. Romeo und Julia statt Tristan und Isolde.«

»Warum?«

»Weil die Liebe von Tristan und Isolde eine Schicksalsfügung ist, eine leidenschaftliche Suche, die die Nacht sucht und Erfüllung nur im Tod findet. Aus diesem Mythos ist die leidenschaftliche Liebe entstanden, die das Leiden braucht und sich selbst zerstört, die von Abwesenheit, von Hirngespinsten lebt und das Hindernis zu ihrem Gott erhebt. Ich will die freudige Liebe, die uns zwingt, dem anderen die Freiheit zurückzugeben, die man aus seiner Liebe geschöpft hat. Die Liebe, wie Rilke sie besingt: ›Denn *das* ist Schuld, wenn irgendeines Schuld ist: /

die Freiheit eines Lieben nicht vermehren / und alle Freiheit, die man in sich aufbringt. / Wir haben, wo wir lieben, ja nur dies: / einander lassen.‹ In dieser Bewegung des Fließens, der Freude, des Teilens ist die Liebe unerbittlich. Sie will geben, niemals blutsaugerisch sein. Aber um diese Liebe zu beschwören, muss man die Dichter sprechen lassen.«

»Zum Beispiel?«

»Samuel Beckett: ›Ihre Augen haben sich geöffnet und mich hereingelassen.‹ Henry Miller: ›Ich blicke nicht mehr in die Augen der Frau, die ich in meinen Armen halte, sondern ich durchschwimme sie, mit Kopf, Armen und Beinen, und ich sehe, dass sich hinter den Höhlen dieser Augen eine unerforschte Welt erstreckt, die Welt der künftigen Dinge, und dieser Welt fehlt jede Logik. Befreit von sich selbst, enthüllt das Auge jetzt nicht mehr, und erleuchtet nicht mehr, es läuft die Horizontlinie entlang, ewiger und uninformierter Reisender. Ich habe die durch die Geburt geschaffene Mauer niedergerissen, und der Weg meiner Reise ist gekrümmt und geschlossen, ohne Bruch. Mein ganzer Körper muss zu einem fortwährenden Strahl immer helleren Lichts werden. Ich versiegele daher meine Ohren, meine Augen, meine Lippen. Es ist wahrscheinlich, dass ich, bevor ich wieder ganz Mensch werde, als Park existieren werde.‹«

Ich machte eine Pause, und der Unbekannte fragte mit vor Ungeduld zitternder Stimme: »Aber Sie, was würden Sie *persönlich* sagen?«

Ich lachte.

»Nichts! In der Liebe wie in der Musik gebe ich der Stille Raum. Diese uneingeschränkt gelebten Momente der Stille, die den Augenblick bilden und die dadurch größer als die Zeit, größer als die Ewigkeit werden; sie preisen sie.«

Er nickte und runzelte die Stirn. War er um eine Antwort verlegen? Die Luft war glühend heiß in der Mittagssonne und der Schatten aus violettem Samt. Der Kellner brachte unsere großen Pizzas. Die Tomaten dufteten nach Oregano und der Zärtlichkeit meiner Mutter, wenn sie in meiner Kindheit gekocht hatte. Wir probierten den heißen Teig.

»Aber dieses ganze Gerede«, brach es plötzlich fast wütend aus ihm heraus, und eine Falte erschien auf seiner jungen Stirn, »Ihr schönes Gerede über die Liebe, was ist es wert, wenn der andere Sie verlässt? Wenn derjenige, den Sie lieben, Sie nicht liebt, Sie nicht mehr liebt? Wenn der Tod ihn Ihren Lippen entreißt? Was sagen Sie über das, was die Liebe an Verzicht in sich trägt, wenn der Verlust, der unwiderrufliche Verlust uns trifft? Geben Sie zu, dass wir, damit ein Mensch, ein einziger Mensch, uns auch nur einen Augenblick gehört, alle Musik und alle Worte und alle Throne und alle Farben hingeben, die verpackt sind im zusammengefalteten Kosmos, dem Kosmos, der zu seiner Realität zurückgefunden hat: dem quadratischen schwarzen Seidentuch eines Zauberkünstlers. Dann heißt es, ganz schnell das Paket zu schnüren, es ist vorbei. Zum Teufel mit den künstlerischen Höhenflügen und diesen Lorbeeren, lasst uns damit in Ruhe, es sei denn, er kommt zu uns zurück! Diese einzigartige Lichtgestalt kehrt für immer zu uns zurück, und ihr *Liebreiz*, der wie eine leise unnachahmliche Musik war, die keiner mehr vor sich hin summen wird, ihre *Art*, den Kopf zurückzuwerfen, die Bäume und die Vögel unter ihre Worte zu mischen, einen Ton, ein bisschen Gras, ein hübscher *Ausdruck*, die ihre Unterhaltung auszeichneten und aus ihr eine vollwertige fremde Art machten, wie man es von einer Sprache sagt; diese fleischgewordene Liebe, die ihr Leben mit stilistischer Eleganz schrieb, wie man es von einem Buch sagt, der Einzige, zu dem der Dichter in uns, den die Liebe zur Welt gebracht hatte, sagen kann: ›Ein Schritt von dir. Die Einberufung der neuen Menschen und ihr Marsch.‹ Für ihn, für seine Rückkehr tausche ich die Unendlichkeit gegen dieses winzige Stückchen Himmel. Sie nicht?«

Er sah mich herausfordernd an, sein Blick glühte vor Schmerz.

»Ja, vielleicht, vermutlich, aber es ist unser Schicksal, dass wir es nicht tun können. Unser Schicksal und das Heil der Welt. Die Tragödie im Namen der Reinheit hat immer nur Unglück hervorgebracht.«

»Und deswegen werfen Sie das Handtuch und finden sich damit ab? Sie versuchen nicht, den Abwesenden zurückzuerobern?«

»Die Verstorbenen sind in der Hölle. Sie dort suchen zu wollen bedeutet, dass man bereit ist, in sie hinabzusteigen. Aber unsere Freiheit wohnt nicht in der Hölle.«

»Welche Freiheit? Welche Freiheit bleibt uns im Schmerz und im Verlust?«

»Die Kraft des Gedichts. Seinen Schmerz zu transzendieren. Er ist da, der große Gesang der Welt.«

Wir gingen auseinander, der Unbekannte und ich, ohne dass die Spannung, die unser Gespräch aufgebaut hatte, sich gelöst hätte. Ohne es zu wollen, hatte ich einen alten Schmerz in ihm geweckt.

Er hatte sich offenbart, und in seinem Kummer war er mir böse. Ich hatte ihm noch zu sagen versucht, dass eben gerade die Unendlichkeit der Liebe ihr Maß gibt. Nicht was man nimmt, sondern was man gibt, nicht wonach man strebt, sondern worauf man verzichtet, alles, worauf man verzichtet, bis hin zu den vergeblichen Umarmungen, und um ihn zu überzeugen, hatte ich ihm ein Gedicht von Gherasim Luca zitiert, dessen ungeschönte Wahrheit mich stets erschüttert hatte.

Ich rieche am Haar der Geliebten, und alles erfindet sich
  neu.
Wenn man beim Vollziehen dieser einfachen Handlung,
Am Haar der Geliebten zu riechen, nicht sein Leben
  riskiert,
Nicht das Schicksal des letzten Atoms seines Blutes
Und des fernsten Gestirns einsetzt,
Wenn in diesem Bruchteil einer Sekunde,
In dem man irgendetwas am Körper der Geliebten vollzieht,
Unsere Fragen, unsere Sorgen
Und unsere widersprüchlichsten Sehnsüchte
Nicht vollständig aufgelöst werden,

Dann ist die Liebe in der Tat,
Wie die Schweine sagen,
Ein Verdauungsprozess
Zur Vermehrung der Art.

Ich hatte ihm noch gesagt, dass er aus dem Verlust kein Geheimnis und aus seinem Schmerz keine Waffe machen solle. Er müsse lernen, ohne Erinnerung, ohne Träume zu lieben, aber er hatte mir, fast heftig, entgegnet, gerade ich sei doch ein Weltmeister in der Kunst des Verschweigens, darin, mich hinter meinen Worten zu verstecken. Und erneut hatte er sich in seinen Schmerz eingeschlossen.

Wie sollte ich ihm unter diesen Umständen erklären, dass ich nichts verschwiegen, sondern alles gesagt hatte? Dass mein Leben, mein ganzes Leben offen vor ihm lag, dass ich beschlossen hatte, im Mittagslicht zu lieben. Dass wir dadurch, dass wir kein Geheimnis mehr haben, dass wir nichts mehr zu verbergen haben, dass wir in die Farben der Welt gekleidet sind und stets im grellen Licht des helllichten Tages handeln, selbst zu einem Geheimnis werden. Das große Geheimnis ist, dass man nichts mehr zu verbergen hat und man dadurch für die anderen ungreifbar wird.

Dann wird alles ein Mysterium.

Ich hätte es gern getan, aber jedes zusätzliche Wort, das von Liebe sprach, hätte seinem Herzen noch mehr wehgetan, und er hatte es schon so sehr verbrannt. Dennoch trennten wir uns nicht Hals über Kopf, sondern mit einem Lächeln und mit gegenseitigen Empfehlungen. Er bat mich, als er mir das Buch zurückgab, dieses Sufimärchen auf Seite sechsundneunzig zu lesen, und ich gab ihm die Adresse von Béatrice.

»Versprechen Sie mir, nach Assisi zu fahren. Öffnen Sie früh am Morgen die Tür des Klosters, die grün gestrichene, die sich am Ende des Gartens in der mit Levkojen bewachsenen Mauer befindet. Es gibt dort jemanden, der über die Kirschen und die Kapuzinerkresse herrscht. Sagen Sie ihr, dass Hélène Sie schickt.«

»Und was hat sie mir zu sagen?«

»Ihnen? Das weiß ich nicht. Aber sie vermag in den Bäumen zu lesen. Vielleicht wird sie Sie unterweisen.«

Ein letzter Blick, und ich ging als Erste; die Tasche mit meinen Büchern baumelte in meiner Hand.

Die Gedanken schwirrten mir durch den Kopf, das, was mein Unbekannter gesagt hatte, hatte mich nachdenklich gemacht. Mit welchem Recht hatte ich ihm Vorträge über die Liebe gehalten, während ich gleichzeitig vor ihr weglief?

Er hatte aus der Tiefe meiner Verunsicherung und meiner Trägheit das Rätsel und all meine Fragen wieder ans Licht gezerrt. Seit Tagen ließ ich mich treiben, kurz davor, alles hinter mir zu lassen, aber er hatte mich wieder an Béatrice, an den Brief, an die Spieldose und an Hans Engelbrecht erinnert, und ich musste lächeln bei dem Gedanken, dass ich ihm gegenüber den gleichen Trick angewandt hatte, den der Lehrer mir gegenüber benutzt hatte, als ich meinen Unbekannten nach Assisi zu Béatrice geschickt hatte.

Ich nahm ein Boot, um mich ein letztes Mal zur Villa d'Este zu begeben und das Märchen zu lesen. Der See übte eine angenehm wohltuende Wirkung auf mich aus, das Plätschern seines Wassers träufelte den Zauber des Schlafs, der Unsterblichkeit in meine Ohren. Während dieser kurzen, magischen Überfahrt betrachtete ich die Landschaft, und wie in Venedig vermochte ich innerhalb des Bruchteils einer Sekunde zu entziffern, was sie mir zu sagen hatte.

In Venedig, wo die Elemente sich umkehrten, miteinander in Dialog traten, drückte die ständige Bewegung der Wasser und des Himmels das Leben, das Fließen, den Austausch aus und erinnerte mich an meine innere Dauer und wie sehr meine Endlichkeit aus meinem Körper eine Sanduhr aus Blut gemacht hatte. Hier bewegte sich nichts, und die leichten Schatten des Gebirges, die zarten Dunstschleier auf der Oberfläche des Sees wirkten wie ein Nebel aus Irrlichtern. Unter dem eiskalten Wasser war der Tod ganz nah, und er konnte ein hübsches Gesicht haben und Algen in seiner Stimme, wenn er rief. Meine Hand, die im Wasser baumelte, öffnete ihm zwei Wasserlippen, und er sang mir sein Lied: »Ich bin nichts anderes als dieser große flüssige Körper, ein einfacher Durchgang der Erscheinungen, aber so nah, so nah, so drohend.«

Ich erschauerte, diesen irgendwo gelesenen Satz im Kopf: »Es ist bereits viel später, als Sie glauben.«

In der Villa d'Este machte ich es mir auf der Terrasse gemütlich und schlug das Buch mit den Märchen auf Seite sechsundneunzig auf, wie der Unbekannte es mir gesagt hatte. In schönen Buchstaben stand dort: »Geschichte von dem Wesir, von dem König Junan und von dem Arzt Rujan.«

Ich las: »Der reiche und mächtige König Junan bemerkte eines Morgens, dass sein Körper von Lepra befallen war, und kein Arzt, kein Gelehrter fand ein Mittel dagegen. Eines Tages kam ein Mann und sagte zum König: ›Ich kenne einen alten Arzt, der dich heilen kann, o König. Er besitzt große Weisheit und inbrünstigen Glauben. Er kennt sich in der Medizin und in der Astronomie aus und hat alle griechischen, arabischen und syrischen Bücher gelesen. Er lebt glücklich an der Grenze deines Reichs, in seinem Garten, mit seiner Frau, seinem Sohn und seinen Büchern.‹

Der König ließ den Arzt sogleich zu sich rufen. ›Ich kann dich tatsächlich heilen‹, versicherte Rujan. ›Aber zuerst musst du an den Rand der Wüste gehen, die dein Reich abschließt. Erkenne das Elend, wenn du es findest, und mache ihm ein Ende.‹ Der König gehorchte und kehrte zurück. ›Jetzt, o König, werde ich dich heilen, wenn du zu den hohen Bergen und auf das Meer gehst; erkenne die Schönheit, wenn du sie findest, und lerne sie.‹ Der König tat, wie ihm geheißen, und kehrte zurück. ›Jetzt, o König, werde ich dich heilen, wenn du in die Gefängnisse deines Palastes hinabsteigst. Erkenne die Ungerechtigkeit, wenn du sie findest, und mach sie wieder gut.‹ Der König kam der Aufforderung nach und kehrte zurück. ›Jetzt, o König, werde ich dich heilen, wenn du deinen eigenen Worten zuhörst. Erkenne die Bosheit, wenn du sie findest, und vertreibe sie.‹ Der König bemühte sich nach Kräften darum.

Daraufhin überreichte der Arzt ihm einen Holzhammer und eine Kugel, die er selbst hergestellt hatte; er empfahl ihm, die Kugel so lange zu schlagen, bis er am ganzen Körper schwitzen würde, und dabei an das Elend, die Hässlichkeit, die Ungerechtigkeit und die Lüge zu denken. Danach solle er in den Hammam gehen, und er sei geheilt. Und tatsächlich fand sich, als er das Bad verließ, keine Spur von Lepra mehr am Körper des Königs. Überglücklich überhäufte er den alten Arzt mit Geschenken und forderte ihn auf, von nun an im Palast zu leben.

Die Monde vergingen, und König Junan hörte nicht mehr auf, die Weisheit des alten Arztes zu Rate zu ziehen. Der Wesir musste mitansehen, wie der Schatz zusammenschmolz und die Gefängnisse sich leerten. Von Eifersucht gequält, suchte er lange nach einer Möglichkeit, sich diesen Rivalen vom Hals zu schaffen, der ihn seines Einflusses beraubte und seine früheren Machenschaften zunichte machte. Und endlich fand er sie. Eines Morgens warf er sich dem König zu Füßen. ›O König, dein Leben ist durch Rujan, den alten Arzt, in Gefahr. Er hat dich auf wundersame Weise geheilt, ohne Pomade und ohne Salbe, ohne dich seine Kräuter einnehmen zu lassen. Du sollst wissen, dass er ein großer Hexer ist und dass er dir das, was er dir gegeben hat, wenn es ihm beliebt, auf ebenso wundersame Weise wieder wegnehmen kann.‹

Und der Wesir kam mehrere Monde hindurch jeden Morgen wieder, um seine niederträchtigen Worte zu wiederholen. ›O König, du hast nicht mehr die größte Macht, die Macht über Leben und Tod. Rujan hat sie über dich.‹ Verunsichert und von Zweifeln gequält, befahl König Junan schließlich die Hinrichtung des alten Arztes.

Als Rujan davon erfuhr und erkannte, dass der König fest entschlossen war, bei seiner Entscheidung zu bleiben, bat er um die Gunst, nach Hause zurückkehren zu dürfen, um sich von den Seinen zu verabschieden und seinem Sohn den allearaußergewöhnlichsten Gegenstand seiner Magie zu schenken: ein Räuchergefäß. In seiner Neugier verlangte der König genauere Auskunft. ›Es enthält unermessliche Schätze, und das geringste der Geheimnisse, die es enthüllt, ist dies: Derjenige, der dieses Räuchergefäß anzündet und seinen Duft einatmet, wird erfahren, wie und durch wen der Tod ihn ereilen wird.‹

›Ich will diesen Gegenstand!‹, befahl der König.

Sogleich verlangte er vom Wesir eine Eskorte, ließ den alten Rujan in Fesseln legen und befahl, dass man ihn mit dem Räuchergefäß zurückbringe.

›Hier, o König! Dein Wunsch ist mir Befehl!‹, sagte der Arzt, als er ein paar Tage später zurückkam und dem König den Gegenstand überreichte. Die Hände des Königs zitterten, als sie nach dem Räuchergefäß griffen. Das Kleinod war schlicht, ein wenig verbeult, ohne Perlen und Edelsteine.

Junan konnte es nicht erwarten, das phantastische Geheimnis zu enthüllen und seine Zukunft zu erfahren. Wer den Tod demaskieren konnte, konnte unsterblich sein. Er öffnete das Räuchergefäß, zündete den Docht an und beugte sich darüber, um mit der ganzen Kraft seiner Lungen tief den Duft einzuatmen. Daraufhin wurde er von furchtbaren Schmerzen überfallen. Seine Haut bedeckte sich mit Pusteln. Die Zähne fielen ihm aus. Das Parfum war vergiftet.

›So ist das Gesetz. Eins führt zum anderen! Und das Schicksal erfüllt sich konsequent!‹, sagte der Arzt. ›Man kann den Menschen nicht vor sich selbst retten, und sei er der reichste König.‹«

Nachdenklich schloss ich das Buch. Es wurde allmählich Abend über dem See. Die Schatten waren blau. Eine leichte Brise streichelte meine Schultern sanft wie der Flügel einer Turteltaube, deren Farben der Himmel angenommen hatte.

Warum hatte dieses Märchen dem Unbekannten so besonders gefallen? Schon merkwürdig, dieses Erahnen meiner Seele, dieses Gleichnis eines Schicksals, das uns allen droht, denn wir werden alle am Zweifel, am Argwohn und der Untreue dem gegenüber, woran wir am stärksten, zutiefst glauben, sterben.

Ich kehrte zu Fuß nach Como zurück, in einem langen, langsamen Spaziergang. Dieser Tag ähnelte den Pfingstrosen, wie sie war er einzigartig und vergänglich und wie sie reich an Emotionen und Blütenblättern.

Als ich wieder im Hotel war, drückte ich die Tür zum Aufenthaltsraum auf. Er war leer, und das Klavier schien im Duft der muffigen Blumen zu schweben. Ich stellte meine Tasche ab. Den Bruchteil einer Sekunde zögerte ich noch, nicht länger, als ein Seufzer dauert.

Und dann klappte ich langsam mit beiden Händen den Deckel hoch, mit angehaltenem Atem. Ich dachte an den König und den tödlichen Weihrauch. Die Elfenbeintasten schimmerten schwach im Halbdunkel. »*Das Glück! Sein dem Tod so teurer Zahn warnte mich, als der Hahn krähte.*« Die gleiche Brise, die vorhin meine Schultern gestreichelt hatte, bewegte die Vorhänge.

Ich setzte mich auf den Hocker und legte die Hände auf die Tasten.

Und dann wurde ich endlich wieder zu der, die ich seit sehr langer Zeit nicht mehr gewesen war. Ich saß allein am Instrument, ohne jeden Druck, ohne irgendein anderes Ziel als die Freude am Spiel. Ich hatte endlich einmal die Möglichkeit, mit den Werken in Kontakt zu sein, ohne etwas anderes tun zu müssen, als sie neu zu erfinden. Für mich. Für mich allein. Einzig und allein zu meinem Vergnügen.

Um den Schwung, das Leben, die Freude wiederzufinden.

Und dann spielte ich.

Ich spielte ohne Absicht, ohne Angst, ohne Traurigkeit. All das war verschwunden.

Ich spielte stundenlang.

Und am Ende dieser Stunden sah ich das Licht.

8

Ich verließ Como am nächsten Morgen, in einem Zustand unbeschreiblicher Fröhlichkeit – Fröhlichkeit des Herzens und Leichtigkeit des Körpers. Wie soll ich sagen? Ich war voller Elastizität und jugendlicher Frische aufgewacht, erfüllt von dieser kindlichen Energie, die man später nur noch selten in sich spürt, wenn die Seele ihrer Hülle ständig mal hinterherhinkt, einer Erinnerung nachhängend, und manchmal vorauseilt, niedergedrückt von der düsteren Perspektive des aktuellen Projekts oder schlimmen Befürchtungen hinsichtlich der Zukunft.

Ich hatte auf wunderbare, auf unvorhersehbare Weise gut und tief geschlafen.

Ich muss zugeben, dass ich eine hinterhältige Beziehung zum Schlaf unterhalte. Ich behandle ihn schlecht, wie eine despektierliche Geliebte. Ich liebe ihn, ich habe ein starkes körperliches Bedürfnis nach Schlaf, ich schmiege mich mit unendlicher Lust, ja sogar unendlicher Sinnlichkeit in seine Arme. Sobald ich ausgestreckt in meinem Bett liege, verwandle ich meinen Körper in eine Art Blätterteig und lade den Schlaf ein, bis in die tiefste Schicht in ihn einzudringen. Häufig jedoch hindern die Müdigkeit oder die nervöse Anspannung eines Konzerts ihn daran, und wenn er dann kommt, bleibt seine Umarmung oberflächlich. Manchmal aber gelingt die Verschmelzung, und dann hebt er mich hoch und nimmt mich und meine Träume mit sich.

Morgens jage ich ihn allerdings gnadenlos aus meinem Bett; ich will nicht riskieren, dass er am Abend vielleicht nicht zur Verabredung kommt. Dabei hätte er allen Grund, mir untreu zu sein. Ich zwinge ihm einen tyrannischen Rhythmus auf, verlange, dass er an den unpassendsten Orten zu mir kommt: im Flugzeug, in der Künstlergarderobe, im Taxi, und zu den unmöglichsten Zeiten – zwischen achtzehn und neunzehn Uhr vor dem Konzert, von elf bis zwölf nach der Probe; und in den unbequemsten Positionen: eingequetscht zwischen Seitenfenster und Sitz einer Boeing 777, auf dem breit ein schnarchender Nachbar sitzt. Ich werfe ihm meinen Terminkalender als kniffliges Problem hin: Wie spät wird es für meinen Körper in Tokio sein, wenn ich ihn nach Seattle gebracht haben werde und wenn ich zwischen Vancouver und Seattle achtundvierzig Stunden in London verbringe?

Aber heute Nacht haben wir in vollkommener Symbiose, in innigster Umarmung geschlafen. Die Straße, die ich nahm, um nach Hamburg zu fahren, kam mir daher wie ein langer roter Teppich vor, wie ein fliegender Teppich, der sich für mich entrollt hatte, und wenn mein Sicherheitsgurt mich nicht an den Sitz gefesselt hätte, wäre ich wie ein Vogel geschwebt.

Der Weg nach Deutschland war lang. Ich würde ihn gewiss durch Pausen unterteilen müssen, die ihn in eine

Wallfahrt verwandeln würden, durch zufällige Übernachtungen, aber diese Unterbrechungen würden wie Improvisationen auf dem Klavier sein, Tonleitern auf der Klaviatur des wunderbaren Europa. Und ich begriff plötzlich, wie sehr dieses Europa meine Wiege war. Europa öffnete sich vor mir wie ein gewaltiges Mühlespiel. Der Zufall hatte seinen Spielstein auf den Weg gebracht, und ich hüpfte auf einem Bein in den Fußstapfen von Franz Liszt und mit geschlossenen Füßen in denen Schumanns. Und ich eilte, ich flog, flog davon nach Hamburg, als wäre es das Feld des Paradieses, wo ich die letzten Schlüssel erhalten würde.

Am Abend zuvor hatte ich in der Euphorie, die auf meine Stunden am Klavier gefolgt war, Euphorie und Erschöpfung, lange an Schumann gedacht. Ich hatte die Lektüre der Bücher spät in der Nacht beendet, auf der Terrasse, im gelben und sanften Licht einer Laterne. Seine Gestalt verschmolz mit der von Clara, und Claras mit der von Brahms. Clara und Schumann, in deren Körpern, Kompositionen und Kindern die Liebe ihre Divertikel von einem Ton zu einem Herzen, von einer Hand zu einem Lächeln, von einem Lied zu einer Wiege befruchtet und verflochten hatte. »Der schönste und wichtigste Tag meines Lebens«, hatte Clara am Tag ihrer Hochzeit in ihr Tagebuch geschrieben. Im darauffolgenden Jahr hatte Robert, wie der Olivenbaum seine Zikaden, mehr als hundertvierzig Liebeslieder von reinster Poesie geschrieben.

Bis zu diesem Tag hatte ich, mitgerissen von Johannes

Brahms, diesen Komponisten immer etwas vernachlässigt. Und dann hatte, je mehr ich mich ihm annäherte, seine Gestalt immer deutlichere Konturen angenommen und bisweilen in einem helleren schillernden Glanz geleuchtet, wie die Schmetterlingsflügel, die ihn so sehr inspirierten und die seitdem in seinen Tönen im Rhythmus eines nächtlichen Herzens, eines Bluts flatterten, in das Merkur seine ersten Gifte gemischt hat. Ich hatte lange über Clara in den letzten Jahren ihrer Liebe nachgedacht, als Schumann wahnsinnig geworden war und auf eigenen Wunsch in einer Irrenanstalt lebte; Clara durfte ihn nicht besuchen, saß aber dennoch häufig in der Anstalt auf einem kleinen Eisenstuhl hinter einer Glasscheibe verborgen und betrachtete ein weiteres Mal, einmal mehr, das lebendige Bild des geliebten Mannes, dessen Seele nicht mehr schlug.

Zeichen, Zufall? Heute Morgen hatte ich mich, bevor ich das Hotel verließ, um ein letztes Mal die herrliche Landschaft in mich aufzunehmen, auf das Fenstersims gestützt; meine Hände ruhten in der Sonne auf dem Stein. Und da war ein Schmetterling gekommen; für ein paar Sekunden hatte er sich auf meinen linken Ringfinger gesetzt und, wie ein Seiltänzer seinen Sonnenschirm, seine Flügel, auf denen zwei schöne gepuderte Augen zu sehen waren, geöffnet und geschlossen. Ich hatte vorsichtig die Hand gehoben, um aus der Nähe diese Verbindung von Puder und Auffliegen, das Zittern seiner langen Fühler zu bewundern. Eine Sekunde, zwei Sekunden, und ein Sonnenstrahl, oder ein Windhauch, hatte ihn fortgetragen.

Ich glaube, genau in diesem Augenblick kam mir die Idee zu einer Platte mit Werken von Clara und Robert Schumann.

Zeichen, Offensichtlichkeiten, Botschaften, Begegnungen, dieses ganze Blinken des Schicksals hatte mich auf diese Straße geführt. Mir wurde bewusst, dass, indem ich mich zum Komplizen dieses magischen Netzes machte, das meinen Wegen Kurven einschrieb, sie an den Himmel projizierte und dann wieder in die Ebenen, in die Sanftheit eines Wortes des Lehrers oder in den Schatten eines Klosters in Assisi, dieses seit Lichtjahren aus Galaxien herab gesponnene, geschmiedete, ausgebrütete Netz von Zeichen, die sich nur durch die gewaltige Macht der Liebe aussäen, sich verzweigen, sich durchdringen und befruchten konnten, dass dieses ganze Netz meine Schritte zu der schönsten aller Verabredungen lenken würde: zur Freude, zum Schwung, zur Versöhnung. Und ich begriff auch, dass diese Reise nicht in Hamburg, nicht nach dieser Begegnung mit Hans enden würde, dass ich vielleicht sogar nach Afrika fahren und die Elefanten und die Affenbrotbäume bewundern würde, da ich schon immer Lust dazu gehabt hatte; diese Reise war ein Kapitel meiner großen Reise, und ich würde ein ganzes Leben brauchen, um sie zu beenden.

Freude heute, Traurigkeit gestern. Wo war diese Niedergeschlagenheit hergekommen? Aus welcher Sphäre war sie aufgetaucht? Und hatte ich sie niemals richtig abgeschüttelt? Ich erschauerte, da mir bewusst war, dass es mit meinem Credo nicht sehr weit her wäre, wenn ich diese Frage nicht beantworten würde, bewusst auch, dass diese Reise und meine Begegnungen notwendigerweise die Antwort enthielten.

Und ich, hatte ich denjenigen, die mir spontan ihr Herz geöffnet hatten, etwas vermittelt, gegeben, geschenkt?

Und wo mochte mein Unbekannter jetzt sein? Auf dem Weg nach Assisi? Würde er sein Versprechen halten? Würde er Béatrice besuchen, und würde Béatrice ihn lehren, zu glauben und folglich zu hoffen und folglich zu beten? Würde sie ihm sagen, dass man Krieg den Tag nennt, an dem die Seele sich weigert, sich um den Körper zu kümmern? Würde sie ihm sagen, dass die Liebe das Alphabet Adams ist und die Gesetze unsere Grammatik sind? Würde sie ihm die anderen Sprachen der anderen Welten erzählen?

Ein Satz von Philippe Jaccottet fiel mir wieder ein: »Die Geschichte des Paradieses ist vielleicht keine sinnlose Fabel: Der Blick und die Sprache sind vermutlich entstanden, als wir aufgehört hatten, ganz und gar im Innern der Welt und im Einklang mit ihr zu sein, wie die Pflanzen und die Steine es zu sein scheinen.«

Rührte sie daher, meine Traurigkeit in der Vergangenheit? Daher, dass ich mit der Welt nicht mehr im Einklang stand? Vielleicht, aber wenn ja, warum? Ich hatte die Krankheit, die zu meiner Anorexie geführt hatte, noch nicht zu diagnostizieren vermocht. Aber ich wusste, dass ich sie jetzt überwunden hatte und wieder fröhlich war. Und was war diese Freude anderes als Erleichterung und Befreiung – aktive Freiheit?

Ich war Noah, und ich war die Arche; um mich aus der Falle des Zweifels, der Urteilssprüche, der Beurteilungen und aller kleinen Hemmnisse des Herzens zu befreien, hatte ich nicht nur die Wölfe an Bord genommen, sondern eine phantastische Fauna und Flora, Himmel und Freunde, Begegnungen und Zeichen, und jetzt brauste ich dahin, mit offenen Fenstern, und der Wind fuhr durch mein Haar.

Lange Zeit hatte ich mich, seit ich zu einer öffentlichen Figur geworden war, verpflichtet gefühlt, das Bild, das von mir existierte, zu rechtfertigen. Erstaunt hatte ich entdeckt, wie sehr manche mir die Wölfe oder das Klavier verübelten, oder dass ich eine Frau war oder dass ich schrieb, als müsse ich zwischen den Dingen wählen, während ich mich für alles zusammen entschieden hatte. Als dürfe es auf meinem Weg auf Erden keine Kreuzung geben, keine Verzweigung, keine dieser unglaublichen Symbiosen, die mich, seit ich mit den Wölfen gelaufen war, das Gesicht des Mondes im Spiel von Chopin und seinen zarten Schein auf meinem Publikum erkennen ließen. Als würde die Tatsache, dass ich eine Frau bin, mich zwingen, auf die Musik zugunsten einer Ehe zu verzichten, oder die Tatsache, dass ich Musikerin bin, auf die Feder zugunsten des Klaviers.

Jetzt kann ich darüber lächeln, weil ich woanders bin. Ich bin im Raum. Ich nehme ihn ein. Ich wohne in dem Abstand zwischen den Wölfen, der Musik und dem Schreiben. Und dort fühle ich mich am wohlsten.

Ich lache darüber, seit ich plötzlich angesichts eines

Publikums, das mich während eines Klavierabends wunderbar getragen hatte, begriff, dass es während des Konzerts das Versprechen einer neuen Welt gibt und dass wir es gemeinsam einlösen. Sie hat ihre Partitur, und sie spielt sie mit ihrer Spannung, ihren Pausen, ihrem Atem oder ihrer Begeisterung. Wir konstituieren uns dann gegenseitig, so wie mich die Bücher, die Musik, das Gebet, die Wölfe oder die Kinder konstituieren, die das Zentrum besuchen. Ich muss lächeln, wenn ich an diesen kleinen Jungen denke, der sich aus Rinde einen Helm gemacht und mir, einen Stock als Schwert in der Hand, erklärt hatte: »Ich befreie keine Prinzessinnen, ich befreie das Leben.«

Ich will heute mein Leben von allem befreien, was es bedrohen kann, drinnen die Traurigkeit, die Routine, die Eitelkeit, die Faulheit – und der Kampf für diese Befreiung muss täglich neu geführt werden; draußen die Kommentare, die Urteile, der Druck – aber dafür reicht im Grunde eine einzige Handbewegung. Pech für diejenigen, die den Unterschied nicht mögen. Die Wölfe, schon wieder die Wölfe, sind in dieser Hinsicht »menschlicher« als viele Menschen und könnten denen, die von der Norm besessen sind, mehr als eine Lektion erteilen. Diese Wahrheit hat mich an dem Tag im Innersten getroffen, als das Zentrum eine Gruppe behinderter Kinder empfing. Kinder mit Handicaps, »die Hand am Kopf«, der Etymologie zufolge. Die Hand, die den Schmerz oder den Unterschied zu den anderen unterstreicht. Ich ziehe dieses Wort der Bezeichnung »Invalide« vor, die man auch für einen ungültigen Fahrschein benutzt. Als diese Kinder, Autisten oder Kinder, die ihre Gliedmaßen nicht mehr bewegen konnten, zum ersten Mal ins Zentrum kamen, zeigte das Rudel keinerlei Veränderung in seinem Verhalten. Die Wölfin, die ihr Junges säugte, knurrte nicht und rührte sich nicht. Sie schüttelte sich weiterhin im Schnee, ohne ihre Mimik zu ändern: weder Mitleid noch Mitgefühl, weder Verlegenheit noch geheuchelte und geräuschvolle Empathiebekundungen. Die Wölfe waren hingerissen von der bloßen Existenz dieser Kinder, die, normalerweise von der dicken, geradezu erstickenden Watte der Zuwendung, der Krankenhäuser, der Einrichtungen beschützt, die Füße im Schnee oder im Schlamm und die Nase im Blizzard oder in den Frühlingsdüften hatten, nicht im Kontakt mit der Natur, sondern direkt im Zentrum dessen, was an radikaler Lebenskraft in der Natur steckt. Der Anblick der Wölfe weckte ihre Lebensgeister, weil er sie mit ihrem eigenen Lebensinstinkt in Berührung brachte. Sie sind hingerissen; der Dialog mit dem eigentlich Wichtigen beginnt: die tiefe Freude zu leben, und sei es im Anderssein. Ich nenne diese Kinder die Kinder Alawas.

Ich begriff plötzlich, was für ein unschätzbares Glück es bedeutete, in ständigem Kontakt mit der Fülle zu sein. Und ich brannte jetzt vor Ungeduld, diese Kinder Alawas wiederzusehen, die mit den reinen Wassern und den Sternen verbunden waren, und mit ihnen die Wölfe und das ganze Team des Zentrums – und mich wieder an mein Klavier zu setzen und meine Musik wiederzufinden.

Mit beinahe schmerzhafter Heftigkeit spürte ich, wie sehr sie mir fehlten, aber doch auch meine Freude. Es hätte nicht viel gefehlt, und ich hätte meinen Wagen am ersten Flughafen stehen lassen und das Flugzeug nach New York genommen.

Aber nein, zuerst Hamburg.

Hamburg und Hans Engelbrecht.

Noch am selben Abend bekam ich eine erste Antwort auf das Rätsel des Lehrers. Oder, besser, einen ersten Hinweis, um es zu lösen.

Ich hatte in einem kleinen Schweizer Städtchen Halt gemacht, bei dem nicht so ganz klar war, ob es schon ein Marktflecken war oder noch ein großes Dorf. Ein kleines bezauberndes Hotel, empfohlen von einem guten Führer, drumherum die Almen, man hatte das Gefühl, bei Heidi auf Besuch zu sein. Es war perfekt.

Ich hatte den Brief des Lehrers hervorgeholt, um mir Adresse und Telefonnummer von Hans Engelbrecht abzuschreiben. Ich war auf dem Weg nach Hamburg, aber wer sagte mir, dass er sich gerade jetzt dort aufhielt? Und wenn er da war, dann konnte ich ihn auch von meiner Ankunft verständigen. Ich weiß nicht, warum, aber ich hatte zusammen mit dem Brief auch die Spieldose aus der Tiefe meiner Tasche geholt, wohin ich sie bei meiner Ankunft in Como verbannt hatte. Ich hatte plötzlich eine unbändige Lust, die eigenartige, betörende Melodie zu hören.

Ich hatte mich in den fast leeren, mit Tannenholz getäfelten Aufenthaltsraum des Hotels gesetzt, der auch als Bar diente, und einen Tee bestellt. Dann hatte ich behutsam den Mechanismus des empfindlichen Instruments aufgezogen.

Wie beim ersten Mal hatte sich der Deckel gehoben, nachdem der Mechanismus sich mit einem leisen Quietschen in Gang gesetzt hatte. Das Zahnradgetriebe drehte leicht ruckelig Apollo mit seiner Lyra. Entzückt lauschte ich ihm, und als die kleine Figur stehen blieb, zog ich sie erneut auf.

»Oh! Sie haben eine Spieldose der Firma Zalenbree.«

Ein nicht mehr ganz junger Mann verließ, von der doch eigentlich leisen Musik angelockt, die Bar, an der er eine Zeitung gelesen hatte, und kam auf mich zu.

»Verzeihen Sie meine Aufdringlichkeit«, fügte er mit typisch Schweizer Höflichkeit hinzu. »Aber ich sammle mechanisch bewegte Figuren, und diese Spieldose ist ein interessantes Exemplar aus der Zwischenkriegszeit.«

»Und die Musik, kennen Sie sie?«

»Natürlich, sie war ein Markenzeichen der Firma Zalenbree.«

Er nahm die Spieldose und zog nun seinerseits den Mechanismus auf.

»Das ist eine *Canzone*, geschrieben von einem deutschen Komponisten namens Johann Jakob Froberger.«

Zusammen mit der Geschichte der kleinen Schweizer Manufaktur erzählte mir der Sammler zu meiner größten Freude auch diejenige dieses Musikers, von dem ich bis jetzt nur sehr vage gehört hatte. Ich bekam sein Geburtsdatum mitgeteilt, Mai 1616, und seine große Cembalokunst erklärt.

»Froberger ist durch ganz Europa gereist, um seine Technik zu vervollkommnen«, fuhr der Sammler fort. »In Rom war Frescobaldi sein Lehrer und in Paris Couperin. Zu Fuß, in der Postkutsche, mit dem Schiff begab er sich, der langsamen Bewegung der schwankenden Moden und Reputationen folgend, nach Wien, nach Stockholm, nach London, nach Rom oder auch nach Mantua. Die Musik errichtete Europa und gestaltete seine Straßen. Auch die Malerei war daran beteiligt. Man durchquerte Wälder, die von Hexen und Kobolden bewohnt waren. Man verdiente sich sein Ziel. Die Entfernung wurde eher räumlich denn in Kilometern gemessen. Im Morgengrauen wie am Abend betrachtete man den Himmel, der das erste Alphabet, die schönste Sprache und das große Rad der Welt ist. Übrigens hielten die größten Kulturen dieses Studium für wesentlich... Leider haben wir den Himmel vergessen, obwohl wir im Flugzeug fliegen«, fügte er mit einem tiefen Seufzer hinzu.

Wir betrachteten Apollo. Der Musik ging der Atem aus.

»Ich liebe die Räderwerke der Pendeluhren, die Hemmungen der Uhren, die Mechanismen der Spieldosen«, fuhr er fort. »Manche Uhren haben eine Rakete, ein Federgehäuse, Stifte, Hörner oder Stachel. Andere besitzen ein Rad und einen Anker, wie kleine Schiffe, die dazu ersonnen wurden, den Lauf der Stunden hinaufzufahren. Und doch werde ich Ihnen etwas anvertrauen. Wissen Sie, was diese Leidenschaft für die Uhrmacherei mich gelehrt hat? Ich verdanke ihr die Erkenntnis, dass das beste Instrument, um die Zeit zu messen, die Melancholie ist.«

Wir lächelten uns zu, und ich lud ihn ein, sich zu mir zu setzen, aber er lehnte ab.

»Ich will ein bisschen laufen«, sagte er. »Um diese Zeit mache ich gern die Runde um das Dorf auf dem kleinen Weg über die Bergkämme.«

Ich ergriff die Gelegenheit beim Schopf.

»Darf ich Sie begleiten?«

Ich hatte eine unbändige Lust, diese Unterhaltung fortzusetzen, tausend Fragen über Froberger zu stellen, und ich verspürte auch ein starkes Bedürfnis, mir nach all diesen Kilometern auf der Autobahn die Beine zu vertreten.

»Es wäre mir eine große Freude.«

Er hatte einen ganz einfachen Stock aus hellem Holz, dessen Eisen wie ein Metronom auf die Straße schlug. Irgendetwas in seinem Gang, in seiner Eleganz erinnerte mich an meinen Großvater. Es fehlte nur noch Ripp, sein Hund, den ich als kleines Mädchen so sehr geliebt hatte, um die Illusion perfekt zu machen. Oder Eno, mein wunderbarer, treuer alter Schäferhund, Eno, der Begleiter meiner einsamen Spaziergänge.

Eines Tages im Winter hatte ich mich während eines Spaziergangs im tiefen Wald vom Abend überraschen lassen; ich glaubte jeden Baum zu kennen und alle Unebenheiten des Pfads, der sich bis zum Fluss schlängelte. Ich hatte mich verlaufen, und in der tiefen Dunkelheit dieser ganz plötzlich hereingebrochenen Nacht, in der mir nicht einmal ein blasser Stern leuchtete, taumelte ich und stolperte über plötzliche Bodenunebenheiten. Meine Füße versanken in Schlammlöchern. Die Arme erhoben, um mein Gesicht zu schützen, stieß ich gegen Stämme. Äste, spitz wie Fingernägel von Hexen, zerrissen meinen Anorak. Es war furchtbar kalt, und die Feuchtigkeit nistete sich in die tiefsten Bläschen meiner Lungen. Allmählich geriet ich in Panik. In ein paar Stunden würde das Quecksilber auf zehn oder fünfzehn Grad unter Null sinken, und ich trug nicht die richtige Kleidung, um diese Kälte auszuhalten. Ich hatte völlig die Orientierung verloren. Ich war nicht in der Lage, die Richtung einzuschätzen, in die ich gehen musste, um nach Hause zu gelangen. Da spürte ich plötzlich die warme, freundschaftliche Schnauze von Eno und seinen regelmäßigen Atem an meiner Hand. Ich glitt mit meinen Fingern über seine Schnauze, zwischen seine Augen und bis zu seinem Hals. »Eno, bring mich nach Hause«, flüsterte ich ihm ins Ohr, während ich ihn streichelte. »Nach Hause, Eno.« Ich rappelte mich hoch, und daraufhin setzte Eno sich langsam in Bewegung. Er blieb an mein Bein geschmiegt, witterte die Hindernisse und drängte mich sanft nach links oder nach rechts, damit ich nicht über sie stolperte. Wenn ich hinfiel, weil ein Ast, der über den Weg hing, mich niedergemäht hatte, brachte er mich mit Kopfstößen wieder auf die Beine und zog mich am Ärmel, den er in seinem Maul hielt. Völlig durchgefroren sah ich schließlich, nach einer Zeit, die mir endlos schien, durch den Hochwald die Lichter meines Hauses leuchten. Eno hatte mich wohlbehalten zurückgebracht. Er hatte mich gerettet.

Heute ist.Eno alt, und ich will gar nicht an den Augenblick denken, da wir voneinander Abschied nehmen müssen. Sein Gang ist nicht mehr so lebhaft wie früher, und manchmal widerstrebt es ihm, mir zu folgen, wenn ich zu einem Spaziergang aufbreche, aber wenn er zu meinen Füßen liegt, die Schnauze auf meinen Zehen, während ich eine Partitur studiere oder lese, drücken seine Augen noch immer dieselbe abgöttische Liebe und das überwältigende Vertrauen aus, die man so gern im Blick der Männer entdecken würde.

»Herrlich, nicht wahr?«, sagte der Sammler, nachdem wir fünfzehn Minuten schweigend nebeneinander hergegangen waren, und deutete auf die Landschaft um uns herum.

Er war stehen geblieben und stützte das Gewicht seines Körpers auf seinen Stock. Täler und Wälder wogten unter unseren Augen, stille grüne Wiesen unter den träumerischen Schwingen der Wälder. Am Horizont, von Gletschern und ständigen Wolken gezackt, die hohen Bergfriede der Alpen. Die Welt in ihrer unbestreitbaren Herrlichkeit. Wir standen lange da, vermutlich legte mein Sammler an dieser Stelle stets eine Pause ein, das Ritual dieses Spaziergangs. Dann setzte er seinen Weg fort.

»Warum hat die Firma Zalenbree die Melodien von Froberger für ihre Spieldosen gewählt?«, fragte ich nach einer Weile, ungeduldig, eine Antwort auf das Rätsel des Lehrers zu finden.

»Der Besitzer dieser Firma liebte seine wunderbar zarten Themen. Die *Canzone* Ihrer Spieldose zeugt davon. Außerdem eignen sich seine für das Cembalo geschriebenen Stücke ausgezeichnet für den ganz besonderen Klang der Spieldose. Und mir persönlich gefallen die Titel einiger seiner Stücke: ›Allemande geschrieben bei der Fahrt über den Rhein in einem Boot unter großer Gefahr‹. Oder: ›Klage geschrieben in London, um die Melancholie zu vertreiben‹. Oder auch: ›Klage darüber, dass ich bestohlen wurde‹. An Suggestionskraft übertreffen sie viele Reiseberichte aus jener Zeit. Sie stießen auf so großes Gefallen, dass sie mit einer Werbebanderole verkauft wurden, die sie als ›einfallsreich, ausgefallen und eigenartig‹ anpries. Das muss Herr Zalenbree ebenfalls von ihnen gedacht haben.«

»Und die Wahl dieses kleinen griechischen Gottes?«

Der Sammler zuckte die Achseln.

»Zalenbree hatte zwei Themen für seine Spieldosen bevorzugt, die Antike und die Fabeltiere. Ich persönlich ziehe Letztere vor. Ich bin ein alter Nostalgiker, wissen Sie, und ich trauere der Zeit nach, als die Tiere heilig waren und sprechen konnten, die Zeit, als der Mensch noch nicht vergessen hatte, dass er immer nur ein Geschöpf gewesen ist und dass *zu verstehen versuchen* das Beste ist, was er tun kann.«

»Was zu verstehen?«

»Seinen Platz. Sein Wesen. Was für ein Drama der Tod eines Schmetterlings für die ganze Menschheit ist. Wer spricht denn heute noch von dem großen Volk der Vögel?

Vom geflügelten Volk? Vom Volk der Fische? Selbst für den Menschen ist der Begriff Volk verschwunden; man spricht lieber von Masse. Das sagt alles über das Schicksal des Individuums!«

Seine Art, bissige Bemerkungen in sanftem Ton zu machen, gab mir die Seele eines Kindes zurück – eines kleinen Mädchens, das den Weisen um Gedichte und Seifenblasen bittet.

»Warum sollte das ein Drama für die Menschheit sein? Die Heia ist verschwunden, und doch werden die Menschen immer mehr.«

»Als ich klein war, hießen die Naturwissenschaften ›Sachkunde‹. Denken wir einen Augenblick über die Weisheit dieses Namens nach: Er war eine stillschweigende Anerkennung der Tatsache, wie sehr die Sachen, die Pflanzen und die Tiere uns unterweisen. Die Tiere erinnern uns daran, woher wir kommen, wer wir sind und wonach unser Sein strebt: nach einer wunderbaren Metamorphose. Wir verdanken unsere Entwicklung der ständigen Aufmerksamkeit, die wir den Geschöpfen schenken, vom winzigsten bis zum gewaltigsten. Der Mensch hat das Werk Gottes betrachtet, und in diesem Spiegel hat er sich entdeckt und seine Schönheit entwickelt. Wer bietet uns heute mehr denn je, besser als jede Pflanze oder jedes Tier, das Schauspiel einer fleischgewordenen Weitergabe von Individuum zu Individuum, von Generation zu Generation?«

Er seufzte.

»Alles, was wir aus der Zeit des heiligen Tiers bewahrt

haben, ist die Ablehnung. Der Fluch, mit dem wir noch heute manche Tiere belegen.«

Oh, wie sehr verstand ich ihn! Die Wölfe, die mir so teuren Wölfe, getötet, verfolgt, angeprangert, Sündenböcke dieser gewaltigen Bewegung des Betons und des Materialismus, der Gewinnsucht, die alles einhüllten, von der Spitze der Wolkenkratzer bis zum Plätschern der Ozeane. In Frankreich ist – ein unglaubliches Paradox – das Umweltministerium für das Töten der Rudel zuständig! Ich erinnerte mich plötzlich an den Wolf, dessen Bein von der Falle eines Wilderers zerhackt worden war und den wir hatten retten können, und an das Entsetzen und die Benommenheit in seinem Blick.

»Warum jagt uns die Schlange eine solche Angst ein?«, fuhr der Sammler fort. »Es gibt in der Natur sehr viel gefährlichere Tiere: die Krokodile, die Tiger. Und doch haben wir die Schlange zur Inkarnation Luzifers gemacht. Warum? Weil sie das primitivste Tier ist; das Leben in einem Strich: weder Flügel noch Beine, weder Fell noch Federn, weder Flossen noch Schnabel noch Ohren. Nichts, nur ein rascher Pfeil, in ganzer Länge auf der Erde liegend, deren Vibrationen sie in sich aufnimmt, deren Feuchtigkeit, Temperatur und geologische Erschütterungen sie entziffert. Bestehend aus Blut und Gift, ist sie das Leben und der Tod in ihren verblüffendsten Aspekten. Dafür sollten wir sie eher anbeten, wie die Griechen es taten: Sie schmückt den Äskulapstab, das Symbol der Heilung.«

Wir waren zu einer Bank gekommen und legten einmütig eine Pause ein. Unzählige Insekten flogen in der warmen Luft umher. Das Gras zitterte unter den Beinen der Raupen, Ameisen, Maikäfer, Skarabäen und Marienkäfer. Das Kriechen der Würmer und das Bohren der Maulwürfe: Ich hatte das Bild einer Armee eifriger Diener vor Augen, die sich um eine dahinsiechende Prinzessin kümmerten, und diese Prinzessin war die Erde, bestäubt mit Pollen und bedeckt von rauschenden Blumen und buntem Leben.

»Der moderne Mensch hat sich das Recht angemaßt, die Tiere zu missbrauchen. Wenn er sie nicht ausbeutet, zerstört er ihren Lebensraum, erstickt sie und lässt sie verhungern. In den fernsten Ozeanen sterben hundertjährige Schildkröten an den Plastiksäcken, die sie fressen, weil sie sie für Quallen halten. Wird sie zurückkehren, die Zeit, als der Mensch der Meinung war, das Tier stehe dem Göttlichen näher, und es um die absolute Unschuld seines Daseins beneidete? Wo sind die Tiergötter der Ägypter und Azteken? Der starke Stier des Mithra-Kults? Die Zeit, als der Mensch seine Verwandtschaft mit ihm respektierte und in dieser Verwandtschaft das grundlegende Band pflegte, das die Lebewesen mit ihrer Erde verbindet? In Südostasien wird erzählt, dass die Fische die Tsunamis Stunden vorher ankündigen, indem sie aus den Lagunen ins offene Meer fliehen. Wir bräuchten keine komplizierten Seismographen, wenn wir heute noch die Fische und den Himmel beobachten würden.«

Er sprach mehr zu der Welt um uns herum, die Welt in ihrer sommerlichen Stickigkeit und ihrer frenetischen

Aktivität, als zu mir. Ich war Zeuge einer Rede, die er wie einen Teppich wob. Ich begriff, dass dieser allabendliche Spaziergang auf diesem Weg, der von wilden Blumen und hohem Gras überwuchert wurde, das vom Schleim der Schnecken gefirnisst war, seine Art war, der Natur sein Beileid auszudrücken und ihr sein Bedauern und seine Verzweiflung zu erklären. Vielleicht versuchte er, wenn er allein war, seine Artgenossen sogar zu entschuldigen, und plädierte für die gemeinsame Sache, wie ein alter Vater seinen Sohn vor Gericht verteidigt. Und ich verstand mit einem Mal, was ihn bei der Betrachtung der Räderwerke so sehr befriedigte: ihre vorhersehbare mechanische Zwangsläufigkeit, die man zu jeder Zeit kontrollieren und unterbrechen konnte.

»Der Mensch vertreibt sich jeden Tag aus dem Paradies. Sein Fall nimmt kein Ende, er findet täglich statt, aus freien Stücken, eingefordert. Wir fallen in eine große Leere – diejenige, die wir um uns herum schaffen, indem wir die Elemente radikal zerstören. Das Wasser ist verschmutzt, die Erde kontaminiert, die Luft verpestet, und selbst dem Feuer haben wir seine Reinheit geraubt. Und wir freuen uns darüber. Wir freuen uns darüber, solange aus dem Fall Profit zu ziehen ist.«

Er stand auf, um weiterzugehen. Die Sonne versank hinter dem Horizont. Feuerrotes Licht bespritzte die Gipfel und Wipfel und färbte die Wolken glutrot.

»Ha!«, sagte er und erhob seinen Stock. »Ein wundervoller Anblick, nicht wahr? Ich hoffe, dass die Apokalypse mindestens genauso schön sein wird.«

Ich zuckte zusammen.

»Wünschen Sie sie sich etwa?«

»Ich sehne sie von ganzem Herzen herbei. Dass eine ungeheure Katastrophe diese Höllenfahrt stoppt. Ich fordere einen Vulkanausbruch. Eine gewaltige Sintflut. Eine sofortige Rückkehr zu den Hütten und Höhlen.«

»Das Übel durch das Übel austreiben? Das ist unvernünftig und absurd.«

»Nein! Hellsichtig. Es geht nicht darum zu zerstören, sondern darum zu retten, was noch zu retten ist, was von seinem Wesen noch im Menschen ist und vom Leben in der Natur.«

»Aber das Leben wimmelt um uns herum! Und was den Menschen betrifft, er ist zu erstaunlichen Dingen fähig. In jedem Paar, das sich umarmt und das Versprechen eines Kindes in sich trägt, in jedem Kind, das die Augen auf die Welt öffnet, liegt die Hoffnung auf eine bessere Welt. Es ist die Verzweiflung, die die Menschen an ihr Kreuz nagelt. ›Die Kraft der Verzweiflung‹, was für ein schrecklicher Ausdruck! Verzweiflung führt zu Passivität. Feiern wir das Leben, anstatt es zu verfluchen, und es wird triumphieren. Wie das Gute.«

»Das Gute! Das Böse, das räume ich ein, ist ihm unterlegen, aber leider triumphiert es immer. Und was das Leben betrifft, was für ein Leben meinen Sie denn? Dieses erschreckend matte Gerenne, das wir miterleben? Dieses Schwindelgefühl? Das ist kein Leben mehr, das ist seine Karikatur, kaum ein Echo davon. Das Kind, das im Morgengrauen mit seiner Angelrute loszieht, um den

Sommer im Tosen des Meeres zu leben oder im schattigen Tal der einsamen Gegend, lebt viel intensiver im Laufe dieses einzigartigen Tages als viele Menschen während ihres ganzen Lebens; mit dem Lebenssaft oder dem Meer, die in seinen Adern pochen, befindet es sich dort in der ursprünglichen Klarheit. Aber welche Kinder laufen noch mit den Vögeln durch die Wildbäche? Das Fernsehen und die Computerbildschirme verschließen die Tür zu den Schätzen. Das Versprechen einer besseren Welt, sagen Sie? Wie bitte? Man kann ein Kind nicht blenden und dann von ihm verlangen, es solle der rettende Seher sein. Die Apokalypse, glauben Sie mir! Und alles wird wieder rein und richtig sein. Wünschen Sie sich das nicht?«

»Nein!«

»Wenn Sie das Schauspiel dieser furchtbaren und allgemeinen Zerstörung dem Paradies vorziehen, ist es mit Ihrer Hoffnung nicht weit her.«

»Ich glaube an die Menschheit.«

»Nehmen wir einmal an, Sie haben Recht. Werfen wir einen kurzen Blick auf die Welt von heute. Ich will mich gern überzeugen lassen. Sagen Sie mir beispielsweise, wie es um die Weisheit des Ostens bestellt ist. Wie geht es China, Südostasien, Indien?«

»Besser als vor einem Jahrhundert. Als die Kinder verhungerten und die Frauen im Wochenbett oder erschöpft von der Schwangerschaft starben. Als der Monsun, die Insekten, die Lehnsherren und die Epidemien die Völker dezimierten. Ich glaube nicht an die Tugenden des Unglücks. Ich bezweifle, dass es den Frauen ihre Schönheit und den Kindern ihre Unschuld zurückgibt und die Menschen die Großherzigkeit lehrt.«

»Und doch ist es eine Epoche, der die Menschen im Westen schon sehr bald nachtrauern werden, Sie werden sehen. Sie weinen ihr jetzt schon nach: Etwa vier Milliarden fortschrittshungrige Menschen werden in unsere Märkte dringen, unseren Handel durcheinanderbringen und im Namen des Rechts auf Komfort plündern, was noch an Rohstoffen übrig ist. Und was die Rohstoffe betrifft, wie steht es mit Afrika? Dieser Mine über Tage? Lebt man dort etwa glücklich? Geschützt vor Hunger und Durst? Religiöser Willkür? Vor Aids und Malaria? Und der fette Westen, ist er wenigstens erfüllt von Optimismus, Freude, Bereitschaft zu teilen, Großzügigkeit? Oder gar von der einfachen Freiheit, die er so lautstark preist? Und die Robben, die Elefanten, die Gorillas, die Eisbären, die heute auf den Safaris gejagt werden, und das Packeis, und die Gletscher? Die mörderischen Algen der Ozeane und das Ozon in der Stratosphäre…«

»Stopp, stopp! Das reicht, ich bitte Sie.«

Bekümmert drückte der Sammler leicht meinen Arm.

»Entschuldigung. Ich wollte Ihnen mit meinem Gerede nicht die Stimmung verderben. Ganz im Gegenteil. Ich würde Ihnen viel lieber Recht geben. Aber ich fürchte tatsächlich, dass wir die Welt vom rechten Weg abgebracht haben und dass auch wir auf Abwege geraten sind.«

Einen kurzen Augenblick war ich versucht, die Klinge zu kreuzen. Ihm noch einmal die Hoffnung entgegenzuhalten, die ich in die Kunst, die Kinder, die Großherzigkeit setzte. Ich war fröhlich, schrecklich lebendig und zu allem fähig aufgestanden. Aber ich war nicht hier, um zu kämpfen, sondern nur, um zuzuhören und, vor allem, zu verstehen.

»Das Schlimmste«, fügte der Sammler seufzend hinzu, »ist, dass das niemanden kümmert. Niemand scheint es zu bemerken. Man hat sogar ein stillschweigendes und weltumspannendes Übereinkommen geschlossen, das die Existenz des Todes leugnet. Jeder setzt sein sinnloses Gerenne fort, und alles, was die Menschen in dieser Katastrophe unbedingt noch wahren wollen, ist der Schein.«

Wir kehrten schweigend ins Hotel zurück, mit dem gleichen langen und geschmeidigen Schritt, begleitet vom Ticktack des Stocks.

Vor der Tür verabschiedete der alte Mann sich unendlich feierlich und förmlich. Er war müde und hatte, wie er mir sagte, nur noch einen Wunsch, nach Hause zu kommen und sich auszuruhen.

»Ihre Spieldose ist sehr interessant für einen Sammler«, fügte er nach einem unmerklichen Zögern hinzu. »Sie nehmen es mir nicht übel, wenn ich Ihnen vorschlage, sie Ihnen abzukaufen?«

Ich lächelte.

»Und Sie nehmen es mir nicht übel, wenn ich Ihnen sage, dass ich sie Ihnen nicht verkaufen kann? Ich hätte Ihnen die Spieldose sehr gern gegeben, aber sie gehört mir nicht wirklich. Sie ist mir... wie soll ich sagen... geliehen oder anvertraut worden.«

Gleichsam schicksalsergeben breitete er die Arme aus und meinte mit einem plötzlichen verschmitzten Lächeln: »Ich verstehe sehr gut. Wie das Leben, in gewisser Weise.«

9

Warum hatte ich der Versuchung widerstanden und Italien verlassen, nachdem ich aus Como abgefahren war? Warum, warum nur trieb es mich nach Hamburg? In Como hatte ich das Klavier wiedergefunden und die Freude, die mich mit ihm zusammenspannte. Meine Begegnung mit dem Sammler hatte diesen Schwung jäh gebremst. Seine Worte hatten den seidenen Schleier zerrissen, der das Grauen der Welt verbarg, und seitdem er mit mir gesprochen hatte, spukte die Pest in meinem Kopf herum, und die Kinderschreie zerrissen die Töne, die ich zu mir rief, die sich mir aber verweigerten.

Erneut packte mich die Versuchung, alles hinzuschmeißen; ich brauchte bloß einen zeitlos schönen Ort zu wählen, der gegen das Unglück abgeschottet wäre, und mich dort niederzulassen, wie ein Vogel in seinem Nest. Die Welt würde mir dort angenehm vorkommen in der allgemeinen Katastrophe. Von Zeit zu Zeit würde ich eine CD aufnehmen; aber mit der wahnsinnigen Hetzerei der Tourneen und den Klavierabenden wäre endgültig Schluss. Ich würde mich nicht mehr in Gefahr bringen. Vorbei diese wahnsinnige Angst, diese Augenblicke Schwindel erregender Leere, die man überwinden musste, bevor man in einer übermenschlichen Anstrengung die Bühne betrat. Vorbei die sarkastischen Bemerkungen, die einen bisweilen vernichteten, obwohl man keineswegs versagt hatte. Für sich allein spielen, für sich allein leben, mit den Augen der Bahn der Sonne folgen, vom Morgengrauen bis zur Dämmerung, ohne irgendeine andere Erwartung als den Himmel, froh, da zu sein in einem Gefühl der Glückseligkeit.

Stattdessen – nach New York zurückfliegen, die Meinen wiedersehen – hatte ich, sobald ich nach dem Abschied von dem Sammler auf mein Zimmer hinaufgegangen war, Hans Engelbrecht angerufen. Nach dem dritten Läuten hatte er abgenommen. Er hatte eine angenehme tiefe Stimme, war aber kurz angebunden, und mit einem Mal wurde mir die Unschicklichkeit dieses Anrufs bewusst, der sich für mich, seit ich beschlossen hatte, nach Hamburg zu fahren, von selbst verstand und so einleuchtend war, dass ich mir überhaupt nicht überlegt hatte, was ich sagen würde. Gott sei Dank sprach er Französisch.

»Sie kennen mich nicht«, sagte ich nach einem energischen »Guten Abend«. »Ich habe einen Lehrer kennen gelernt, der mir eine Spieldose für Sie mitgegeben hat.«

In der Überstürztheit der ersten Worte hatte ich es für das Beste gehalten, sofort zur Sache zu kommen.

»Eine Spieldose?«

»Richtig.«

»Handelt es sich um eine kleine Apollofigur?«

»Ja. Ich werde in zwei Tagen in Hamburg sein. Können wir uns sehen?«

Ein unmerkliches Zögern, das mich hätte stutzig machen sollen, dann sagte er: »Haben Sie meine Adresse? Ja? Also dann übermorgen um achtzehn Uhr bei mir.«

Jetzt fuhr ich nach Hamburg hinein, voll darauf konzentriert, mit Hilfe des Stadtplans, der auseinandergefaltet auf der Ablage meines Wagens lag, mein Hotel zu finden. Nachdem ich mein Zimmer bezogen und meine Tasche abgestellt hatte, blieben mir noch die vierzig Minuten, die ich brauchte, um zu Hans Engelbrecht zu fahren, im Taxi, um mir das Leben nicht unnötig schwer zu machen.

Ich bin immer gern nach Hamburg gekommen, dieses Sprungbrett in die baltischen Länder und den Norden Europas. Die Geheimnisse des Hafens und der Stadt, die Schönheit seines Namens ließen einen Leuchtturm in meiner Vorstellungskraft aufflammen – einen Leuchtturm, Nebel und die Hörner der hinausfahrenden Schiffe. Ich weiß nicht warum, aber ich nahm in seinen Vokalen den Duft des Eises wahr, das Knirschen des Packeises und am Horizont, in der Ferne, niemals erloschen, das Polarlicht. Ich stellte mir häufig den regen Verkehr in den Hafenbecken vor, das Eisen, den Rost, das Schurren der Holzschuhe auf dem Pflaster der Docks und das rote und grüne Blinken der Positionslichter. Auf diesen Kais war Brahms oft von einer Hafenkneipe in die nächste, von einem Klavier zum nächsten getorkelt, um seinen Lebensunterhalt zu verdienen. Johannes Brahms, Freund und Liebe von Clara Schumann, der auf seinem Schreibtisch sein Leben lang das Bild des Karrens stehen hatte, der

Mozart zum Massengrab transportiert hatte. Johannes Brahms, der Hitzkopf, der, wenn er eine Kneipe oder eine hitzige Diskussion verließ, in der er mit den Gästen aneinandergeraten war, auf der Schwelle rief: »Wenn ich vergessen haben sollte, jemanden zu beleidigen, so entschuldige ich mich dafür.« Und der seinem armen, müden und traurigen Vater, »damit er ein bisschen Sonne und Trost finde«, die Partitur von Händels *Saul* schickte, zwischen dessen Seiten er große Geldscheine gesteckt hatte.

Ich fuhr durch unbekannte Straßen, die von schlichten Fassaden gesäumt wurden, deren Backsteine sich jedem Verfall widersetzten – weder die Zeit noch das Meersalz konnten den rötlich braunen Ziegeln etwas anhaben. Hatte es auch Brahms hierher verschlagen? Die Wolken hingen tief, die Straße nahm kein Ende, und man konnte meinen, selbst der Sommer dringe nur fröstelnd, oberflächlich in die Stadt ein. Nicht dass es kalt gewesen wäre, aber der Norden herrschte über die Farben und triumphierte im Licht. Die Wolken hatten ihre Winterfärbung behalten, ein sanftes Hellgrau und zartes Grün. Ein Himmel, dem die Exzesse des Südens fremd waren, gab den feinsten, den schüchternsten Farben ihre Stimme und bewahrte sich die Signatur des Windes. Haben Sie schon einmal bemerkt, wie sehr die Winde eine Heraldik besitzen – jeder hat sein Wappen, seine Stimmlage, seine Geometrie – und wie sehr sie den Himmel zwingen, ihre Form anzunehmen? Im Hohen Norden pudern die Winde die Luft in der Sonne mit lichter und glühender Erregung. Im Süden spannt der Schirokko über den Köpfen einen großen Baldachin aus weißer Gaze, der von Horizont zu Horizont wogt. Im Osten ist er silbrig blau und lässt das Azur des Himmels in ein frisches, seidiges Grün spielen. Im Westen harkt er die Wolken an den Küsten mit heftigen Böen wie der Gärtner die Herbstblätter, und dann ziehen, geschwollen und leidend, Haufen von Kumuluswolken in langen, mit Salz und Regen, Perlen und Traum beladenen Karawanen über den Himmel. Ich liebe sie leidenschaftlich, die Wolken, Atem der Götter, runde Heiligenscheine in langen Zügen, Botschafter des Himmlischen, fortwährend auf Reisen, die wir in die Ferne ziehen sehen und die uns häufig betrachten. Ich liebe sie, wenn ich mit den Wölfen daliege und ihr großer Schatten uns liebkost; ich liebe sie, wenn ich mit dem Flugzeug über sie hinwegfliege, violett in den Tropen, wenn die Sonne untergeht, oder einfache durchscheinende Vergänglichkeiten, Laken von Gespenstern oder Schleier alter Bräute. Ich liebe diese andere Geographie der Welt, die sie entwerfen, die Pflege, die sie der Erde angedeihen lassen, indem sie sie in einen Kokon aus zarter Watte hüllen, so wie das Kindermädchen das Neugeborene wickelt oder die Krankenschwester die Haut eines Verletzten mit schweren Verbrennungen verbindet.

Über dem Südchinesischen Meer habe ich knisternde Dampfgeysire über Eruptionen von Kumulonimbuswolken gesehen; hinter dem Himalaja grüne Golfe tiefer Wolken mit sanften weißen Einbuchtungen. Sie sind die Heiligen Drei Könige auf der Suche nach ihrem Stern und tragen in ihren Falten mit dem Weihrauch des Blitzes und der Myrrhe des Gewitters das Geheimnis der Farben und die Iris des Regenbogens. Ich liebe es, vom Flugzeugfenster aus mit dem Blick ihre pausbäckigen, schlangenköpfigen Formen nachzubilden, wie ein Maler sie mit seinem Pinsel nachgestaltet, und mir ein Gehege vorzustellen, in dem sie mir, von der Musik gezähmt, in die Hand regnen würden.

Es gibt Musikwolken: kleine weiße runde in den Sonaten von Mozart, lange ausgefranste bei Ravel und Satie, schwarze und schwere Stratuswolken bei Beethoven. Diejenigen von Brahms weisen diese Risse der Kirchenhimmel auf, durch die das rote Feuer eines Lichtstrahls dringt – und man weiß nie, woraus es hervorbricht, aus der Sonne, aus der Hölle oder aus der Hoffnung.

Als ich im Hotel angekommen war, begann mein Herz zu schlagen, und ich musste lächeln, als ich den Grund für dieses Herzklopfen begriff: meine Verabredung mit dem Träger dieses Namens, der mich, seit ich in Italien war, überallhin begleitet hatte und dem ich, ohne es zu wissen, zahlreiche Gesichter gegeben hatte. Dieser Name, den ich schön fand und den ich mir mehrmals wiederholt hatte. Hans Engelbrecht. Hans Engelbrecht. Und jetzt, vor Hans Engelbrechts Tür, der Tür eines kleinen Vororthauses, das mein Taxifahrer nur mit größter Mühe gefunden hatte, schlug mir das Herz bis zum Hals und dröhnte in meinen Ohren.

Es war genau achtzehn Uhr.

Ich klingelte.

Es konnte nicht nur daran liegen, dass ich so aufgeregt war, nein, ich glaube, es vergingen tatsächlich drei oder vier Minuten, bevor ich ein Geräusch im Innern hörte, und ich erschauerte leicht, als ich nicht nur die Art des Geräuschs erkannte – ein Rascheln oder eine Art Schurren, das lauter wurde, je mehr es sich der Tür näherte –, sondern auch entdeckte, dass alle Fensterläden des Hauses geschlossen waren. Wer war dieser Unbekannte, in dessen Haus ich gleich treten würde, geschickt von einem mir ebenfalls völlig Unbekannten? Wer wusste von meinem Besuch? Niemand. Flüchtig dachte ich, der Taxifahrer könnte vielleicht bezeugen, dass ich hierhergekommen war, aber dafür müsste er erst einmal befragt werden und sich an mich erinnern – ich spreche kein Deutsch und hatte während der ganzen Fahrt aus dem Fenster geschaut, ohne ein Wort zu sagen. Aber wer sonst? Und wer würde mich hier hineingehen sehen, in dieses eher abgeschiedene Haus? Ich blickte über meine Schulter. Die Straße war menschenleer. Der Wind wirbelte eine Papiertüte über den Gehsteig. An einem Fenster träumte eine Katze von Flügeln und Mäusen. Keine Menschenseele. In einer plötzlichen Anwandlung von Vernunft trat ich einen Schritt zurück, entschlossen zu gehen. Aber die Tür öffnete sich, und die Überraschung ließ mich alle Gelüste zu fliehen vergessen.

Zuerst sah ich nichts außer – und das verblüffte mich – dem Rechteck eines tiefen Schattens, das die Tür jetzt in die Fassade schnitt. Dann tauchte nach und nach aus dieser Dunkelheit eine undeutliche Gestalt auf und schließlich das Gesicht eines Mannes, das mir merkwürdig vertraut vorkam, wie diese Landschaften, die man zum ersten Mal sieht, von denen man aber weiß, dass man sie in der Vergangenheit schon einmal gesehen hat, nur wann, wo? Und dieses Gefühl der Vertrautheit verbindet sich dann mit einer fast körperlichen Lust, der Empfindung, ein warmes Bad zu nehmen, eine ebenso intensive wie vergängliche Lust, zwei, drei Sekunden, und das flüchtig Wahrgenommene verschwindet und lässt einen allein zurück.

»Kommen Sie herein«, sagte der Mann und trat beiseite, und mit ihm lösten sich die Züge seines Gesichts im Dunkel auf. Dann, übergangslos, während er die Tür aufhielt: »Sie haben mir am Telefon Ihren Namen nicht genannt.«

Ich ahnte mehr, als ich es sah, dass er mir die Hand reichte. Verlegen nahm ich sie, und um sie zu ergreifen, war ich gezwungen, einen Schritt auf ihn zuzumachen. Daraufhin schloss Hans Engelbrecht die Tür hinter mir, und obwohl es noch früh an diesem Sommerabend war, waren wir in fast völlige Dunkelheit getaucht. Nur durch das Oberlicht, das durch keinen Fensterladen verschlossen wurde, glitt eine Lichtpfütze auf die Fliesen des Eingangs. Aber ich hatte keine Zeit, die Einrichtung um mich herum zu betrachten, denn meine Aufmerksamkeit konzentrierte sich auf die Hand von Hans Engelbrecht, die meine ergriffen hatte und sie aufmerksam erforschte, ohne grob zu werden, aber auch ohne Hemmungen. In einem ersten Reflex wollte ich sie zurückziehen, doch er hielt sie fest, ebenfalls ohne Gewalt, aber bestimmt. Er sagte kein Wort. Ich hörte seinen Atem und spürte, wie seine Finger den Linien meiner Handfläche folgten, die Kraft meiner Finger abschätzten, ihre Länge, ihre Gelenke und sogar die Form meiner Nägel. Ich sagte ebenfalls nichts, während meine Augen sich langsam an die Dunkelheit gewöhnten, und nach und nach tauchten tatsächlich die Umrisse von Hans Engelbrechts Gesicht aus der Finsternis auf, als kämen sie aus den tiefsten Tiefen der Ozeane wieder an die Oberfläche, und mit ihnen kehrte, lebhaft und flüchtig, das Gefühl der Vertrautheit zurück. Gleichzeitig schwirrten mir tausend Fragen durch den Kopf. Warum diese Dunkelheit? Warum diese groteske Inszenierung? In welcher Beziehung mochte dieser Mensch zu dem strahlenden Lehrer und seinen so unwiderlegbaren und aufrichtigen Worten stehen? Sollte ich fliehen? Ihm aus den Fingern gleiten wie ein Aal?

»Sie haben mir noch immer nicht Ihren Namen gesagt«, wiederholte er, als er meine Hand schließlich losließ.

»Hélène.«

»Und Sie sind Pianistin.«

Mit einem Mal begriff ich. Der Empfang, die Dunkelheit, das systematische Abtasten meiner Hand: Hans Engelbrecht war blind.

Seine sehend gewordenen Hände hatten die meinen betrachtet und ihr Spiel erraten. Und ich wusste jetzt auch, dass er kein Licht machen würde, dass die Dunkelheit keine Nachlässigkeit seinerseits war, sondern eine bewusste Entscheidung, seine Art, eine Ebenbürtigkeit zwischen uns herzustellen oder, besser, seinen Vorteil nicht aus der Hand zu geben, denn er hatte gelernt, ohne Bilder und Darstellungen, an die er sich klammern konnte, zu leben und seinem Gehör, seinem Geruchssinn und seinem Tastsinn Augen zu geben, während ich mich, wie alle Sehenden, auf den äußeren Schein verließ.

»Setzen wir uns.«

Ich folgte seinem Schatten, wobei ich ebenfalls ganz leicht die Wand des Flurs berührte. In dem kleinen Wohnzimmer, in das wir kamen, drangen die letzten Sonnenstrahlen des Nachmittags durch die Fensterläden. Ich erkannte undeutlich einen Sessel, und während ich mich setzte, presste ich meine Tasche an mich, um mich durch das weiche Leder zu vergewissern, dass die Spieldose auch wirklich darin war.

»Sie haben also diesen lieben Lehrer kennen gelernt, und er hat Sie gebeten, mich zu besuchen.«

Seine Stimme war angenehm, sie klang weich und jung. Der bewusst neutrale, etwas distanzierte Ton zerstreute jeden Zweifel hinsichtlich seiner Absichten.

Ich entspannte mich etwas.

»Ich hoffe, ich störe Sie mit meinem Besuch nicht allzu sehr.«

Er antwortete nicht gleich, und sein Schweigen gab mir das Gefühl, meine Worte würden in diesem Raum schweben wie kleine Figuren, die in eine große schwarze Schachtel geworfen werden. Mir wurde bewusst, dass diese Pausen ebenfalls gewollt waren und dass er erwartete, dass ich sie respektierte. Ich beschloss, das Spiel mitzuspielen, und es gefiel mir auf Anhieb: die Worte wie kleine Ballons von unseren Lippen fliegen lassen, zusehen, wie sie sich blähen, Gestalt annehmen, zum anderen fliegen; nur die Worte sehen, nur den Pausen zuhören, der Tiefe des Schweigens und seinem Rhythmus: unser Atem.

»Stören: Sie müssen zugeben, das ist ein merkwürdiges Wort. Es impliziert, dass man ein ungestörtes, aufgeräumtes Leben führt, wie Bücher, die geordnet in einem Bücherregal stehen und die durch einen Gegenstand, der nicht zu ihnen gehört, gestört werden. Lebe ich ungestört? Der Lehrer glaubt es gewiss, und gewiss glaubt er auch, dass Sie mich aus meiner Ungestörtheit reißen werden.«

Diesmal antwortete ich nicht sofort, nicht aus Affektiertheit, sondern weil seine Antwort mich unvorbereitet getroffen hatte. Ich fasste mich sofort, um ihm zu antworten.

»Er hat mich einfach nur gebeten, Ihnen diese Spieldose auszuhändigen, falls ich eines Tages nach Hamburg kommen sollte.«

»Ist das alles?«

Ich zögerte.

»Vorausgesetzt, und mir wird erst jetzt bewusst, wie merkwürdig diese Bedingung ist, ich halte Sie dessen für würdig.«

Ich holte die Spieldose aus der Tasche und zog sie auf. Wir hörten ihr gemeinsam zu, und in dem Halbdunkel konnte ich keinerlei Regung auf seinem Gesicht erkennen, nur, in dem schwachen Licht, dieses vertraute, von hellbraunem Haar umrahmte Gesicht. Meine Neugier wurde immer größer.

Als die letzten Töne verklungen waren, fragte er: »Warum hat er Ihnen diese Spieldose gegeben?«

»Ich weiß es nicht. Und um ganz offen zu sein, ich kenne ihn kaum.«

Und ich erzählte ihm, wie ich ihm in einer Raststätte in der Nähe von Rom begegnet war – wie fern und unerreichbar dieser Tag mir plötzlich vorkam! Ich versuchte, ihm möglichst wörtlich zu wiederholen, was er mir gesagt hatte, und auch den Brief, den er mir am nächsten Tag geschrieben hatte.

»Er hat Sie aber doch immerhin gefragt, ob Sie Musikerin sind?«

»Ja, natürlich.«

Wir tasteten uns noch immer ab. Jetzt wartete ich ungeduldig darauf, dass er erzählte und mir die Lösung dieses Rätsels gab. Warum war ich hier? Was hatten wir uns zu sagen, einander zu geben?

Hans wusste, was ich von ihm erwartete, aber nichts zwang ihn zu sprechen. Das Schweigen, das sich jetzt endlos hinzog, war voller Zögern. Und schließlich, in einem Atemzug: »Ich bin in Frankreich zur Schule gegangen, und der Lehrer war mein Lehrer. Mein Vater hatte einen Posten in Paris, und meine Mutter war Musiklehrerin. Sie fing an, mir Geigenunterricht zu geben, als ich vier war. Ich war ungewöhnlich begabt. Ein Wunderkind. Ich hatte begonnen, Konzerte zu geben, sehr wenige, meine Mutter verlangte Perfektion, dass ich mein Bestes gab. Sie ließ mich ein Werk mindestens zwei, drei Jahre üben, bevor ich es öffentlich spielen durfte, und zwar jeden Tag mehrere Stunden. Sie kommentierte jeden Ton, jede Bewegung meines Handgelenks, den Druck jedes einzelnen Fingers auf die Saite, die Bogenführung.«

Ich sah, dass er in der Dunkelheit seine Hand hob, um mögliche Einwände meinerseits im Keim zu ersticken.

»Suchen Sie nicht, ich habe bei meinen Auftritten und Plattenaufnahmen ein Pseudonym benutzt: den Mädchennamen meiner Mutter. Das war ich ihr schuldig. Sie hämmerte mir unablässig ein, dass das Wort *mousiké* im Griechischen ursprünglich alle Künste bezeichnete, die unter dem Schutz der neun Musen standen – aus ihrer Entfaltung ergab sich die Harmonie aller anderen künstlerischen Ausdrucksformen, das heißt die Seele des Menschen. Sie liebte die Geige, weil sie die Musik des Ghettos war. Sie hatte die merkwürdige Vorstellung, dass die Musik den Menschen vergeben müsse, was sie während des Kriegs begangen hatten, das war ihre fixe Idee. Sie sagte, man habe die Musik Satan überlassen, und noch heute betrüge man, wenn man mechanisch und ohne Leidenschaft spiele, ohne sein Leben in jeden Ton, in jede Pause zu investieren, viel mehr als nur die Musik, viel mehr als nur die Kunst, viel mehr als nur die Seele, nämlich Gott. Für sie war es von absoluter Dringlichkeit, dass der Mensch sich nur noch der Musik, der Poesie oder der Kunst widmete – in Wirklichkeit der Schönheit, die er lächerlich gemacht, und der Liebe, die er entstellt habe.«

Er seufzte.

»Das war ihre fixe Idee, ja. Was sie vor allem verfolgte, war der ungeheuerliche Gedächtnisschwund, der uns umgibt. Nicht, dass sie verlangt hätte, die Menschheit solle in endlosen Bußzeremonien ständig um sich selbst trauern. Aber sie verstand das Vergessen nicht. Sie verstand nicht, wie man in Vulgarität, Oberflächlichkeit und Bequemlichkeit versinken konnte, während für uns, für diese Lebenszeit, die sich in jeder Sekunde, die vergeht, öffnet, Menschen gelitten und Foltern ertragen hatten und tausendmal gestorben waren, gestorben in ihrer Menschenwürde. Sie hatten der Hölle getrotzt, zwei-, dreimal ihre Schwelle überschritten, bisweilen krank vor Angst, damit wir uns unseres Lebens auch wirklich als würdig erwiesen. Damit wir nie wieder, niemals wieder das Lager der Schande zu wählen hätten. Sie dachte, das Schauspiel der unvorstellbaren Gräuel, derer die Menschen, die ganze Menschheit fähig gewesen waren, habe sich unserer Vorstellungskraft für immer einbrennen müssen. Zunächst dachte sie, dieser Tod in den Lagern sei wie der Tod eines Gottes am Kreuz, ein Beispiel, und sei es auch noch so grausam, um über den Tod zu triumphieren. Später begann sie dann wie eine Kerze, die flackernd abbrennt, zu zittern. Sie dachte, das alles sei nur eine Generalprobe. Sollten die Foltern, die Widerstandskämpfer, die aus dem Fenster Gestoßenen, die Gesteinigten, die Verhungerten, die in den Krematorien Verbrannten, die Ermordeten aller Oradour-sur-Glane, all diese verstümmelten Leben umsonst gewesen sein oder nichts anderes als der Triumph des Todes?«

Außer Atem, unterbrach er seinen abgehackten Redefluss. Die Worte flogen nicht mehr, sie quälten sich durch die Luft.

»Also bin ich«, fuhr er fort, »mit diesem Ziel aufgewachsen: der Perfektion als Erlösung. Ich war der Balken einer merkwürdigen Waage: die Musik in der einen Waagschale, in ihrer perfektesten Neuerschaffung, und die Amnesie, der Fluch des Lebens, in der anderen. Und der Lehrer?, werden Sie einwenden. Oh, der Lehrer!«

Wieder eine Pause. Und in diesem Schweigen hörten wir beide, wie die Erinnerung an den Lehrer, seine ganze Person in dieses Wohnzimmer traten und sich zwischen uns niederließen. Sein verschmitztes Lächeln flatterte. »*Damit Sie das fortgesetzte Leben der Musik sind.*«

»Meine Mutter hatte ihn engagiert, um mir Privatstunden zu geben. Sie machte sich auch um meine schulischen Fortschritte Sorgen. Wie alle Schüler des Konservatoriums war ich auf Fernkurse angewiesen. Er kam jede Woche drei Stunden zu uns, um meine Fortschritte zu überprüfen. Er war ein wunderbar menschlicher Lehrer.«

Ich erinnerte mich, dass mir dieses Adjektiv durch den Kopf gegangen war, als ich den Lehrer in Assisi vor dem Gittertor seines Hauses abgesetzt hatte.

Erneut unterbrach Hans seine Erzählung. Er stand auf. Ich hörte das leise Rascheln seiner Kleidung, das dumpfe Geräusch seiner Schritte auf den Fliesen. Er bat mich, mich nicht von der Stelle zu rühren. Er würde Tee machen, es sei denn, ich wolle lieber etwas Alkoholisches oder Wasser. Ich wählte den Tee, ohne die geringste Ahnung zu haben, wie spät es war, obwohl das Tageslicht noch immer gedämpft durch die Fensterläden drang.

Er blieb lange weg, jedenfalls schien es mir so, aber das Sitzen in diesem Zimmer, in dem es immer dunkler wurde, hatte mein Zeitgefühl durcheinandergebracht. Und doch gefiel mir diese Dunkelheit, die Komplizin dieses Gesprächs war und mich an jene herrliche Nacht voller Vertraulichkeiten und Geheimnisse erinnerte, die wir austauschten, als meine Mutter mir zum ersten Mal erlaubt hatte, bei einer Klassenkameradin – meiner Freundin – zu übernachten. Nach dem Abendessen und dem Waschen lagen wir völlig überdreht unter dem Zelt des über unsere Köpfe gespannten Lakens. Das Bett roch gut nach Seife und Kindheit, und zwischen ständigem Gekicher, Schwüren und atemlosem Geflüster spitzten wir die Ohren, um auf die Schritte der Eltern zu lauern, die an der Tür horchten, ob wir auch schliefen, und erzählten uns in einer Anwandlung absoluten Vertrauens unsere Erwartungen an das Leben und unsere Hoffnungen, in der Gewissheit, endlich von jemandem – dem anderen, unserem Doppelgänger – verstanden zu werden. Unsere Worte flogen wie Vögel in einer Volière auf, bunt, schnatternd und manchmal sanft, und beschworen den Märchenprinzen, die Streiche, die wir den Brüdern oder den Klassenkameraden gespielt hatten, und das Bild der Jungfrau Maria. Sie begleiteten unseren ersten Einbruch in das Mysterium der Nacht und verliehen ihr den Glanz eines Diamanten, die Ausgelassenheit eines Festes, die Erregung der Gefahr.

Ich schloss die Augen.

Endlich kam Hans zurück, und ich behielt die Augen geschlossen. Die Geräusche entwarfen mir das Bild seiner Aktivitäten. Ein Tablett auf einem Tisch, das leise Klirren der Tassen, der dünne Strahl des Tees, den er eingoss.

»Vorsicht, er ist heiß.«

Er war zu mir getreten, hatte sanft die Untertasse in meine Hände geschoben und nahm den Faden seiner Geschichte wieder auf.

»Und dann ist meine Mutter gestorben. Ich war zweiundzwanzig. Sie sind Musikerin, Sie wissen, wie wichtig ein Lehrer ist. Ich habe weitergespielt, besessen von dieser Idee der Perfektion. Jetzt, da meine Mutter tot war, wurde sie mir zur Verpflichtung. Der Lehrer hat mir sehr zur Seite gestanden. Von Zeit zu Zeit holte er mich zu einem Spaziergang ab. Auf einem dieser Ausflüge fanden wir auf einem Trödelmarkt die Spieldose. Sie begeisterte ihn auf Anhieb. Zuerst die kleine sanfte Melodie und dann vor allem Apollo mit seiner Lyra. Er kaufte sie, und wir setzten uns an einen Tisch auf einer Terrasse, um sie anzuhören. Es war, ich erinnere mich noch genau, ein milder, ruhiger Sommernachmittag. An dem Tag erklärte ich dem Lehrer zum ersten Mal in aller Ausführlichkeit meine Auffassung der Musik, wie meine Mutter sie mich gelehrt hatte. Ich erklärte ihm, dass ich nicht nur spielen dürfe, damit derjenige, der mir zuhört, von den Tönen gefangen werde oder sich von der Melodie fesseln lasse, sondern damit er dorthin gehe, wohin zu gehen die Töne ihm sagen. Und dieser lebendige Weg, den er dann einschlage, verlange absolute Perfektion: das Ideal, nach dem der Komponist selbst gestrebt habe. Nur dieses Ideal zähle.«

Der Lehrer, erzählte Hans mir, hatte dieser Theorie lebhaft widersprochen. Er hatte versucht, ihm seine Einwände zu erklären. Aber da er kein Musiker war, war es nicht leicht für ihn, denn er lebte nicht in den Werken. Aber dann hatte er plötzlich, während er Apollo betrachtete, der sich noch immer, seine Lyra in der Hand, in der Spieldose drehte, eine Erleuchtung. Orpheus! Der Gesang von Orpheus. Orpheus und seine Vermählung mit Eurydike, die Apollo, der Gott der Musik, vollzogen hatte.

Hans Engelbrecht erinnerte sich fast Wort für Wort an die Antwort des Lehrers.

»Hans! Hans! Erinnern Sie sich an Orpheus, den absoluten Musiker. Die Welt, die Anmut und die Liebe gaben ihm den schönsten aller Gesänge ein. Einen Gesang, der alle Geschöpfe in Bann schlägt, unterwirft und bezaubert. Beim Klang seiner Stimme und den Tönen seiner Lyra beruhigen sich die Stürme, und die Gazellen legen sich zu den Löwen. Orpheus entfaltet die Liebe und die Schönheit. Sein Gesang ist absolute Perfektion, das ideale Bild. Seine Musik ist so harmonisch, weil sie von Eurydikes Liebe gespeist wird. Leider hat Eurydike sich am Tag ihrer Hochzeit auf die Wiese gelegt, um demjenigen, der sie so bezaubert, zuzuhören. Aber eine Schlange gleitet durch das Gras, beißt sie, und sie stirbt. Orpheus erfährt Schmerz und Verlust. Er fleht die Götter an, ihm seine Geliebte zurückzugeben, wird von ihnen erhört und steigt in die Unterwelt hinab, wo die Toten leben. Aber die Götter haben eine Bedingung gestellt: Niemals darf Orpheus sich auf dem Weg, der sie ans Tageslicht zurückführt, umdrehen, um sich zu vergewissern, ob Eurydike ihm folgt. Ein paar Meter von der Welt und vom Leben entfernt kann Orpheus jedoch der Versuchung nicht widerstehen, nach seiner Geliebten zu sehen; er dreht sich um, und Eurydike, die in Tränen aufgelöste Eurydike wird ins Nichts zurückgestoßen. Hans, hatte der Lehrer gefragt, was lehrt uns diese Legende? Sie lehrt uns, dass die Perfektion nicht existiert. Und das Ideal ebenfalls nicht. Wenn sie existierten, hätten wir wunderbare, endlos untereinander austauschbare Modelle vor uns. Eurydike ist Orpheus' Ideal, aber vor allem ist sie Eurydike, einzigartig und sterblich. Keine andere Frau kann sie ersetzen, weder auf Erden noch in Orpheus' Herzen. Hans, es kann keine perfekte Interpretation geben, das ist eine Illusion. Was den Reiz der Musik ausmacht, ist, dass sie von einem Sterblichen gespielt wird. In der Musik gibt es keine Reinheit, sondern nur eine ständige Übersetzung in Klang, die sich von der Unreinheit löst. Wie bei der Heiligkeit macht der Weg, den man zurücklegt, um das Beste zu erreichen, den Reiz und den Zauber aus. Nicht das absolut Beste, sondern das Beste von einem selbst. Darin ist jede Interpretation einzigartig. Jedes Werk gewinnt Leben durch das Leben desjenigen, der es spielt, in dieser vollkommenen Hingabe, die die Liebe auszeichnet. Sie dürfen nicht spielen, um ein perfektes Schema zu reproduzieren – und wo wäre es zu finden, auf dem Frontgiebel welchen Tempels, eingemeißelt von wem? Sie müssen spielen, um die eigentliche Existenz der Musik zu verherrlichen. Wenn Sie spielen, *ist* die Musik, hier und jetzt, wie sie niemals gewesen ist und niemals mehr sein wird. Und dieses Mysterium verdankt sich allein Ihnen, Hans Engelbrecht, den ein Schlangenbiss oder ein ähnliches Missgeschick eines Tages dahinraffen wird.«

Er machte eine Pause, um ein paar Schlucke Tee zu trinken.

»Haben Sie auf den Lehrer gehört?«, fragte ich. »Waren Sie einverstanden mit dem, was er Ihnen gesagt hat?«

»Ja und nein. Einverstanden schon, aber deswegen noch lange nicht überzeugt.« Ein weiterer Seufzer, dann fragte er: »Und Sie, sind Sie sich vollkommen sicher, was Ihr Leben, das Warum und das Wie der Musik betrifft?«

»In diesem Moment meines Lebens weniger denn je...«

Hans lachte leise.

»Oh! Ich begreife, warum der Lehrer Ihnen empfohlen hat, mich zu besuchen. Er hatte schon immer die Gabe, die Menschen zu entdecken, die schwanken und unsicher sind. Ich nehme an, Sie haben erraten, dass diese Spieldose nur ein Vorwand war. Trotzdem freue ich mich, ich freue mich wirklich sehr, sie wieder in Händen zu halten.«

»Ein Vorwand wofür?«

»Dass wir uns unterhalten. Der Lehrer sagte immer: ›Frage nicht den nach deinem Weg, der ihn kennt, sondern den, der ihn wie du sucht.‹ Haben Sie Ihren verloren?«

»Nein, aber er war plötzlich voller Hindernisse, und ich bin über eines von ihnen gestolpert: die Traurigkeit.«

»Sind Sie hingefallen?«

»Es hätte nicht viel gefehlt. Ich wollte mich an der Musik festhalten, aber sie hat sich mir entzogen. Vor kurzem haben wir zum Glück wieder zueinander gefunden, sie ist ich. Dennoch schleicht das Gespenst der Traurigkeit noch immer um mich herum, und ich will es verjagen. Aber ich weiß nicht, wie es in mich eingedrungen ist, welchen Riss es in mir entdeckt hat, um hindurchzuschlüpfen.«

»Haben Sie von dem Lehrer oder von diesem Treffen erwartet, dass sie Sie wieder auf den richtigen Weg bringen?«

»Ich habe auf dieser Reise zu viele Begegnungen gehabt, die alles andere als zufällig waren, um es nicht zu hoffen, das stimmt. Aber antworten Sie mir Ihrerseits: Warum hat Orpheus Sie nicht überzeugt?«

»Ich habe lange über dieses Gespräch nachgedacht. Im Sommer darauf hatte ich einen Unfall. Ich verlor das Augenlicht. Plötzlich falteten die Flügel der Engel sich zusammen. Diese scheinbare Katastrophe hat mich gezwungen, darüber nachzudenken, wo ich war und was unverzichtbar für mich war. Und mit einem Mal begriff ich, dass das weder für die Musik noch für die Kunst insgesamt zutraf. Aber auch wenn sie nicht unverzichtbar für mich waren, so waren sie doch notwendig für mich, wie sie es für uns alle sind, weil sie uns an uns selbst erinnern, an unser eigentliches Wesen. Ich würde also mit ihnen leben, aber nicht mehr für sie. Ich verließ Paris und kehrte nach Hamburg zurück, meine Heimatstadt, fest entschlossen, meine Bedürfnisse auf das Wesentliche zu beschränken, und glauben Sie mir, das ist nicht sehr viel. Nachdem es mir mit einer gewissen Freude gelungen war, gelangte ich zum kostbarsten Gut: der Freiheit.«

»Der Freiheit?«

»Ja, der Freiheit, das heißt der freien Wahl, mit Liebe abzulehnen, was man nicht oder nicht mehr will, und zu akzeptieren, was man will oder was man akzeptieren kann. Ich habe mich von allem Überflüssigen befreit, um zum Licht zu gelangen, das außerhalb der Bereitschaft zur Armut nicht erreichbar ist. Mir wurde klar, dass ich schon lange vor meinem Unfall blind gewesen war, verbissen damit beschäftigt, mich vollzustopfen, nichts als meine Karriere, den Beifall, diese absolute Perfektion zu sehen, die in Narzissmus umschlug. Ich war in einer Bewegung gefangen, die sich immer stärker beschleunigte, einer Betriebsamkeit, die mich nirgendwo hinführte, die alles mit sich riss und mich ebenfalls. Mit einem Mal kehrte die Musik durch meinen Körper, durch mein Herz zurück, sie nahm den Weg des Blitzes. Ich spiele jeden Tag, aber ich spiele für mich allein, und ich werde Ihnen die Wahrheit sagen: Ich habe niemals so gut gespielt.«

Es war jetzt stockfinster, und paradoxerweise leuchteten Hans Engelbrechts Sätze immer heller.

»Vielleicht hat Ihre Traurigkeit den gleichen Ursprung? Jetzt, da Sie mir die Frage stellen, glaube ich, dass das Beispiel von Orpheus sein Ziel erreicht hat. Der Zauber der Spieldose hat gewirkt. Ich habe begriffen, dass ich den Keim zu meinem Tod, den Zweifel, in mir trug. Orpheus hat sich zu Eurydike umgedreht, weil er sich nicht getraut hat zu glauben, sie würde wieder lebendig. Als Geiger lief ich der Perfektion hinterher, weil ich mich nicht traute, an meine Fähigkeit zu glauben, sie zu realisieren. Die Traurigkeit rührt daher, dass man den Dingen hinterherläuft. Der Wahrheit, der Musik, dem Paradies. Man sucht sie außerhalb seiner, wo sie nicht existieren, dabei müssen wir nur ins tiefste Innere unseres Wesens eintauchen, um sie zu finden. Der Riss, durch den die Traurigkeit schlüpft, ist der, durch den Sie die Welt des Scheins und der Belanglosigkeiten in sich hineingelassen haben. Sie werden traurig sein, wenn Sie aus Routine, aus Trägheit aufhören, Ihr Herz und Ihre Seele bis zum Gravitationspunkt umzugraben und zu durchforsten. Nur durch diese ständige Suche kann man immer maßvoller, immer schlichter werden, die Fioritüren aufgeben, um das Wesentliche zu verstehen, zu suchen und zu erfassen – diese höchste Kunst, die erlaubt, alles auf einmal zurückzuerlangen. Dann findet man seinen Stil, und das bedeutet, dass man die Waffen gegen den Tod erhebt. Ich würde sogar sagen, dass dies die einzige Waffe ist, mit der man wirksam das Leben und das Licht verteidigen kann.«

»Es ist spät geworden«, sagte Hans, während er aufstand. »Ich werde ein Taxi rufen, damit Sie nach Haus kommen. Habe ich Ihre Fragen beantwortet?«

»Ja. Ich bin sehr glücklich, dass ich Ihnen das Geschenk

des Lehrers gebracht habe. Diese Spieldose wird hier bei Ihnen hervorragend aufgehoben sein.«

»Bevor Sie gehen, will auch ich Ihnen ein kleines Geschenk von ihm mitgeben. Ich werde Ihnen die Geschichte erzählen, die er mir gern erzählte, er, der mir, wenn ich ihn um Rat fragte, stets den gleichen Satz gesagt hat: ›Hör dir besser zu.‹ Er hatte diese Geschichte den Worten von Rabbi Zousya von Hanipol entnommen, der vom Jüngsten Gericht spricht: ›*In der künftigen Welt lautet die Frage, die man mir stellen wird, nicht:* ›*Warum bist du nicht Moses gewesen?*‹ *Nein. Die Frage, die man mir stellen wird, lautet:* ›*Warum bist du nicht Zousya gewesen?*‹«

Ich nickte nachdenklich.

»Das ist tatsächlich ein sehr schönes Geschenk. Danke, Hans.«

»Ich werde dem Lehrer schreiben, was ich seit Jahren nicht mehr getan habe, um ihm persönlich zu danken«, sagte er, »ihm von mir zu erzählen und ihm zu sagen, dass es mir sehr gut geht.« Und während er zur Tür ging: »Bleiben Sie, wo Sie sind, ich werde Licht machen, um Sie zur Tür zu begleiten.«

»Das ist nicht nötig. Ich fühle mich sehr wohl im Dunkeln.«

Wie sollte ich ihm begreiflich machen, dass ich den Augenblick fürchtete, da er Licht machen würde, dass ich die Verletzung durch dieses künstliche Licht fürchtete, das die magische Blase dieser Begegnung platzen lassen würde.

»Sie werden sich im Flur verletzen.«

Er machte zwei weitere Schritte auf den Lichtschalter zu, die er mit seinen letzten Sätzen begleitete.

»Es wird den Lehrer freuen zu erfahren, dass diese Geschichte unser Gespräch beendet hat. Vor allem, da Sie jetzt wissen, warum er gewollt hat, dass wir uns begegnen...«

Ich glaubte es verstanden oder zumindest erraten zu haben. Bis Hans den Schalter betätigte und es wirklich Licht wurde. Und da entdeckte ich, warum sein Gesicht mir so vertraut vorgekommen war.

Und jetzt wusste ich es wirklich.

Hans Engelbrecht ähnelte mir wie ein Bruder.

10

Während der beiden folgenden Tage wurde ich von Zweifeln geplagt.

Und doch waren die Dinge niemals klarer für mich als in dem Augenblick, da ich Hans Engelbrecht verließ. Er hatte mir genau die richtigen Antworten auf meine Fragen gegeben. Ich wusste jetzt, wo meine Traurigkeit herkam. Er hatte die Gründe dafür wie mit einem Skalpell herausgeschält.

Als ich an dem Abend schlafen ging, erschöpft von der Anspannung dieses Gesprächs, sah ich meine Zukunft in ungewöhnlicher Klarheit vor mir. Ich würde mich rar machen, ebenfalls die Einsamkeit wählen. Die Wölfe, die Kinderprogramme des Zentrums, das Lesen und das Studium der Musik, aber gedämpft, *con sordino, pianissimo*. Die Geschichte, die mir Audrey, die Kellnerin in New York, erzählt hatte, war mir wieder eingefallen, und ich hatte gelächelt: Ich war durch die Welt gereist, um zu entdecken, dass der Schatz sich bei mir, in mir befand.

Am nächsten Morgen allerdings kam mir mein Entschluss schon wieder weniger offensichtlich vor.

Irgendwie hatte ich ein komisches Gefühl, fühlte mich nicht wirklich erleichtert. Aber ich war im Urlaub, zumindest noch ein paar Tage, auch wenn die Lust, nach Granada zu fahren, mir vergangen war. Ich hatte für den übernächsten Tag einen Flug nach New York gebucht und war einfach losgezogen, war durch die Straßen Hamburgs gestreift.

Ich war durch die Hafenstraße gegangen, und erneut hatte dieser Bummel mir Vergnügen bereitet. Zehnmal, hundertmal war ich schon nach Hamburg gekommen, um Konzerte zu geben, aber ich hatte nie die Zeit gehabt, mir die Stadt anzuschauen. Das sollte sich jetzt ändern.

Am Hafen hatte ich ein prächtiges Dreimaster-Museumsschiff, die *Rickmer*, besucht. Ich hatte mir die Schaufenster der Luxusboutiquen angeschaut, die sich unter den Arkaden an der Alster aneinanderreihten. Hans hatte Recht: Vom Überfluss der Waren, Kleidung, Schmuck, Haushaltsgeräte, konnte einem schwindlig werden. In den Geschäften drängten sich die Kunden und auf den Straßen die Menschen.

Benommen vom frenetischen Treiben der Stadt, hatte ich tags darauf beschlossen, mich wieder in den Wagen zu setzen und das ehemalige Fischer- und Lotsendorf Blankenese zu besuchen, das etwa fünfzehn Kilometer von Hamburg entfernt an der Elbe lag. Einige Künstler hatten sich dort im Treppenviertel niedergelassen. Ich verstand ihre Entscheidung, als ich die bezaubernden reetgedeckten Häuser und die Blumenpracht der Gärten entdeckte. Die Nase im Wind, besprüht von der im Sonnenlicht glitzernden Gischt, war der Elbvorort erfüllt vom Geschrei der Möwen und vom Geruch des breiten Flusses.

Ich war an einem der strohgedeckten Häuschen vorbeigegangen. Musik drang aus den offenen Fenstern. Im Innern sah ich drei Musiker bei der Probe, einer saß am Klavier, die beiden anderen spielten Geige und Cello. Kurz darauf kam ich zum Atelier eines Malers, der undeutlich zu erkennen war, und ich bemerkte haufenweise Pinsel, Farbtuben und Leinwände, die in einem großen Durcheinander herumlagen. Der Ort war eine Ansammlung von hochherrschaftlichen Wohnsitzen und einigen Ateliers und Studios, die die Touristen wie Schaufenster besichtigten. Ich sah, wie der Geiger das Fenster vor der Nase eines indiskreten Pärchens schloss, vermutlich fühlte er sich von ihrer Neugier belästigt.

Und plötzlich fiel es mir wie Schuppen von den Augen: Die Kunstwerke waren in den Museen wie in Käfige gesperrt, und die Künstler lebten in entzückenden Ghettos. Mir würde es in South Salem nicht anders ergehen. Ich würde dort wie Béatrice handeln, die sich in dem Klostergarten von der Welt abgekapselt hatte. Wie der Unbekannte, der sein Herz in den Ruhestand versetzt hatte, um nicht mehr zu leiden. Wie der Sammler, der den Marienkäfern von seinen Schweizer Hügeln herab seine Ansprachen hielt. Wie Hans, der völlig zurückgezogen lebte, um für sich allein Geige zu spielen.

Gewiss, ich hatte wahnsinniges Glück gehabt, dass ich ihnen begegnet war. Die Gespräche mit ihnen hatten mich bereichert und mir die Augen geöffnet. Aber was hatte die Tiefgründigkeit ihrer Ansichten für einen Sinn, wenn sie sich aus der großen Symphonie der Welt verabschiedeten, aus diesem Konzert, aus dem die Menschen sich nicht zurückziehen durften? Was für einen Sinn hatten die Liebe, die Kunst, die Musik, die Natur, wenn sie nicht mit anderen geteilt wurden? Was für einen Sinn hatte der Heilige in der Wüste? Das perfekte Buch, wenn niemand in ihm blätterte?

Ich war vollkommen ihrer Meinung, wenn sie den trostlosen Anblick der Menschheit in ihrem Leid und, noch trostloser vielleicht, in der Gleichgültigkeit diesem Leid gegenüber – die Menschheit in ihrem schrecklichen Egoismus – angeprangert hatten. Sie war nicht zu leugnen, diese verbissene Maulwurfsmentalität, nur für seinen eigenen Wohlstand zu graben, um immer noch mehr persönliche Reichtümer anzuhäufen und immer noch vergnügungssüchtiger zu sein in einer beispiellosen geistigen Armut, die das Herz zutiefst verletzen musste, so tief, dass man nur noch einen Wunsch hatte: zu fliehen, den Kopf in den Sand zu stecken, die Welt zurückzuweisen und mit ihr die Quellen der Sorge und der Angst. Vielleicht war das ja die wahre Hölle: ein Gedränge von seelenlosen Körpern, die bis zum Rand mit Lebensmitteln vollgestopfte Einkaufswagen vor sich herschieben, verzweifelt und bereit zu allen Ablehnungen, vorausgesetzt, dass nichts ihr phantastisches Shopping stört, und die den hingerissenen Blick vergessen haben, mit dem sie noch gestern das Neugeborene umhüllten. Und die, schlimmer noch, ihre eigenen Kinder fressen, die sie in den Konsum treiben, um auch daraus noch Profit zu ziehen.

Die Liebe muss bereits vorher existieren, hatte mein Unbekannter am Comer See zu mir gesagt. Wer würde noch mit gutem Beispiel vorausgehen? Wer würde diesen Lebensfunken immer wieder neu entfachen, wenn jeder sich in seinen Turm einschloss? Wer würde diese Sekunde des Zweifels ins Bewusstsein träufeln, die notwendig ist, damit das Wesen des Menschen wieder in ihm zum Vorschein kommt: dieses zeitlose Mysterium, kostbarer denn je, das zu verteidigen allein Schicksal des Individuums, eines jeden Individuums ist.

In einem Punkt, einem wesentlichen, hatte Hans Engelbrechts Mutter Recht: Beim Anblick der allgemeinen Verwüstung, an der Schwelle dieser Apokalypse, die uns droht, kann die Musik noch immer, kann sie erneut den Geist begeistern, vorausgesetzt natürlich, sie ist etwas anderes als eine mehr oder weniger gelungene Musik, eine Ablenkung, ein Kunststück, eine Masche; vorausgesetzt, sie wird als ein essenzielles Werk geschenkt und gespielt, als bedingungsloses Geschenk seiner selbst. Wie am ersten Tag.

Natürlich kann man sich immer sagen: »Was für einen Sinn soll das haben?« Man kann immer lachen über die Anmaßung, sich allein gegen alle zu erheben. Die Geschichte hat zur Genüge bewiesen, wie sie mit den Helden und Heiligen umgeht.

»In der künftigen Welt lautet die Frage, die man mir stellen wird, nicht: ›Warum bist du nicht Moses gewesen?‹ Nein. Die Frage, die man mir stellen wird, lautet: ›Warum bist du nicht Zousya gewesen?‹«

Was bedeutete es, Hélène zu sein? Wenn ich ich sein wollte, musste ich mir meine Seele verdienen. Der ganz besonderen Gabe entsprechen, die uns allen gegeben wurde, der Gabe zu existieren, jeder gemäß seinen Möglichkeiten.

Ich hatte das Klavier, hatte Vertrauen, das heißt die Hoffnung in die Instrumentalmusik. Mein Körper versprach Kinder, und er hatte die Musik, Feste und Töne getragen. Die Musik, die sich mir widersetzte oder mich glücklich machte, mich vernichtete oder mich wieder zu mir brachte. »Dass Sie das fortgesetzte Leben der Musik sind«, hatte der Lehrer mir gewünscht. Der gute Lehrer! Gleich zu Beginn meiner Reise hatte er mir den Schlüssel gegeben. Und dieser Schlüssel der Welt hatte in zwei kleinen Sätzen Platz: Es ist alles fruchtlos, wenn nichts geschenkt wird.

Wenn ich Hélène sein wollte, musste ich, wie Béatrice, Sophie, Balthasar, Anne, Pierre oder Paul, das Leben weitergeben. Musste ich glauben, lieben, denken, sein. Und die Hand reichen. Meine Traurigkeit, meine tiefe Traurigkeit rührte von einer Routine her, die mich vom Himmel und von mir selbst isoliert hatte.

Ich hatte mich gehen lassen. Ich hatte vergessen, dass das Geschenk, glücklich zu sein, nicht dieser leichte und parfümierte Gesang ist, diese Schwerelosigkeit des Körpers und der Seele, diese Farbenschleppe im Manna eines Lächelns, das Gold der fröhlichen Augenblicke, die wie eine Gnade auf unsere Herzen gefallen sind. Glücklich sein kann man lernen, und wenn man es lernen kann, dann wird es auch gelehrt. Es ist ein Schwindel erregendes Studium, dem sich niemand entziehen kann. »*Ich habe das magische Studium des Glücks begonnen, / dem keiner je entronnen.*« Ein Studium, das das »Auswendig« verlangt und tägliche Wiederholungen; dass man seine Hausaufgaben macht – die des Lebens.

Wer kann uns glücklich machen? Niemand, außer wir selbst. Wenn man wartet, dass das Glück von den anderen kommt, verzichtet man aus Faulheit und aus Blindheit darauf, es in seinem Wesen kennen zu lernen. Und raubt dem anderen seine unverzichtbare Freiheit, verhindert sie. Wenn man glücklich sein will, darf man sich niemals mit dem scheinbaren Glück zufriedengeben – man muss ihm sein Leben widmen, wie man sich dem Meisterwerk eines Gemäldes, eines Gedichts oder eines Liedes widmet. Jeder Tag, jede Sekunde verlangen, dass man diesem Werk seinen Stil, sein Wort, seinen Ton gibt, und dies erfordert, dass man in sich selbst hinabsteigt, sein Inneres umgräbt und sein Leben damit erfüllt. Was bedeutet glücklich sein anderes, als das Paradies wiederzufinden und diese paradiesische Zeit, mit der jeder Vogel, jeder Stein und jeder Baum harmoniert wie das Licht mit der Sonne? Das Glück ist dieser vollkommene Akkord, der richtige Ton, den Orpheus, von der Liebe berührt, sang und den unsere Seele singen kann, wenn der Flügel des Engels sie streift. Dann kann nichts diesen Akkord, diesen Einklang zerstören, weil er aus den Quellen kommt und nicht mehr aus den Tränen; er quillt aus jedem Ding hervor, in jedem Augenblick, ohne eine andere Absicht als seine Klarheit, ohne ein anderes Ziel als die Harmonie. Er schafft nichts ab, weder das Leiden noch den Tod – er rettet sie vor dem Chaos. Und er schenkt dem letzten Atemzug seinen reinen Klang, reiner und höher als alles Stöhnen des Todeskampfs und das Röcheln des Schmerzes; er schenkt dem letzten Blick sein Lächeln, zärtlicher und liebevoller als die Benommenheit und das Nichts des Todes; er schenkt der letzten Umarmung ihr Einverständnis und ihre Freude; und er schenkt dem Leben in seinem letzten Augenblick seine ganze Fülle. Er ist das Mysterium, das unsagbare Mysterium, unfassbar wie eine göttliche Musik – die strahlende Süße der Freude.

Meine Traurigkeit? Meine furchtbare Traurigkeit der Vergangenheit? Ich war aus dem Gleichklang mit der Welt geraten, als ich meine Pflicht zum Glück vergessen hatte. Zum Teilen.

Diese Realität war so klar, so wahr, dass ich zwei Tanzschritte auf dem alten Pflaster des kleinen Hafens von Blankenese andeutete.

Eine Möwe schrie auf dem Mast einer Jolle, und am Himmel schob sich ein Bogen von drei Schwalben vor die Sonne.

Ich würde mich nicht nach South Salem zurückziehen, ganz im Gegenteil.

Ich wollte mich nicht mehr zusammenrollen.

Ich wollte mich entfalten.

Ich würde wieder nach den Sternen greifen.

»Die Reisenden nach New York werden gebeten, sich zu Flugsteig sieben zu begeben, um sofort an Bord zu gehen.«

Ich hatte mein Gepäck aufgegeben und war durch die Sicherheitskontrollen gegangen.

Mir blieb gerade noch genug Zeit.

Ich lief zu einer Telefonzelle.

Seit Blankenese hatte ich unaufhörlich daran gedacht, und ich wollte Gewissheit haben. Ich hatte mir von der Auskunft die Telefonnummer geben lassen, aber ich hatte mich nicht getraut, am Abend vor dem Abflug anzurufen. Ich war erst spät ins Hotel zurückgekehrt und wusste, dass alle früh zu Bett gingen. Jetzt war die ideale Zeit.

Ich schob meine Kreditkarte in den Apparat und wählte die Nummer.

»*Pronto?*«, meldete sich schließlich nach endlosem Warten eine leise, zarte und zittrige Stimme, die ich sofort erkannte.

»Guten Tag. Erinnern Sie sich an mich? Ich habe zwei Nächte in Ihrem Kloster geschlafen. Ich wollte Ihnen, Ihnen allen und Schwester Catarina, unbedingt noch einmal für das Glück und den Frieden der Stunden danken, die ich bei Ihnen verbracht habe.«

Die Schwester Pförtnerin erinnerte sich sehr genau an meinen Besuch. Nachdem wir ein paar Höflichkeiten ausgetauscht hatten, stellte ich endlich die Frage, die mich quälte: »Wie geht es Béatrice, Ihrer schönen Gärtnerin?«

Ein leises glockenhelles Lachen.

»Sehr gut. Stellen Sie sich vor, seit fünf oder sechs Tagen hilft ihr ein charmanter junger Mann im Garten – übrigens, er hat sich auf Sie berufen. Ich glaube, wir werden einen schönen Frühling haben.«

11

Als ich aufwachte, war es Mittag.

blanvalet

Besondere Künstlerinnen bei Blanvalet

Hélène Grimaud – die weltberühmte Pianistin, die mit Wölfen lebt.

36460

www.blanvalet-verlag.de